Thematischer Grund- und Aufbauwortschatz

Spanisch

Übungsblätter

von
María Victoria Rojas Riether

Ernst Klett Verlag
Stuttgart Düsseldorf Leipzig

Thematischer Grund- und Aufbauwortschatz · Übungsblätter

Spanisch

von
María Victoria Rojas Riether M.A.

1. Auflage 1 5 4 3 2 1 | 2006 05 04 03 02

Alle Drucke dieser Auflage sind untereinander unverändert.
Die letzte Zahl bezeichnet das Jahr dieses Druckes.

Internetadresse: http://www.klett-verlag.de

Redaktion: Simone Dreher M.A.

Zeichnungen: Martin Hoffmann, Stuttgart;
Beate Klauder (KV 2, 43), Ludwigsburg;
Marlene Pohle (KV 60), Stuttgart.
Druck: Druckhaus Götz GmbH, Ludwigsburg
Printed in Germany.
ISBN 3-12-519523-3

9 783125 195233

Inhalt

Nummerierung der Kopiervorlagen:
GWS = Grundwortschatz
AWS = Aufbauwortschatz

Inhalt

Vorwort

Die Rolle des Wortschatzes

Wortschatzlernen ist einer der wesentlichsten Teile des Sprachlernens. Ohne Wortschatzkenntnis kann man nicht verstehen, was man liest oder hört, nicht sagen oder schreiben, was man gerne ausdrücken möchte. Wortschatzlernen ist noch wichtiger als das exakte Beherrschen der Grammatik, denn ohne wortreichen Inhalt bleibt das grammatische Sprachgerüst leer und ohne Aussagekraft. Kommunikation ist so nicht möglich.

Mit gezielt eingesetzten Worten kann man sein Ziel auch dann erreichen, wenn man die Grammatik noch nicht einwandfrei beherrscht. Kompliziert, unangenehm, ja bisweilen sogar fatal kann es aber für denjenigen werden, der die falschen Worte benutzt.

Zwischen *pescado* – der Fisch – und *pecado* – die Sünde – liegt nur ein Konsonat: *El pescado está rico* – Der Fisch ist lecker – manchmal wohl auch die Sünde ...

Das Aneignen von Wortschatz wird oft als mühseligster Teil beim Spracherwerb gesehen, was sicherlich auch mit den früher beliebten Wortschatzlisten zu tun hat. Mittlerweile ist allgemein anerkannt, dass das Auswendiglernen alphabetisch strukturierter Listen wenig erfolgreich ist, denn das mühsam Erlernte bleibt nur im Kurzzeitgedächtnis haften und birgt in höchstem Maße die Gefahr der Verwechslung.

Der „Thematische Grund- und Aufbauwortschatz Spanisch" (TGAWS; Klettnummer 519513-6) ist daher nach Hauptthemen gegliedert, die in Unterkapitel aufgeteilt sind, die wiederum themenbezogen gebündelt spezifiziert werden. Die Übungsblätter / Kopiervorlagen nehmen diese Unterteilung auf, sie zielen dabei auf Wiederholung, Erweiterung und Festigung des Wortschatzes im Kontext, die es dem Lernenden ermöglichen sollen, letzteren schließlich zu beherrschen.

Durch die bewußt spielerisch gestaltete Art der Übungen soll das Interesse der Lernenden geweckt werden. Ziel ist es, sie über einen längeren Zeitraum hinweg zu motivieren, die oft als trocken empfundene Aufgabe des Wortschatzlernens anzugehen. Es werden verschiedene Wege aufgezeigt, sich neue Vokabeln auf intelligente Art und Weise anzueignen.

So werden etwa durch Übungen zum „globalen Lernen" die eigene Muttersprache, Kenntnisse aus anderen Fremdsprachen und bereits vorhandene Spanischkenntnisse – so gering sie auch sein mögen – aktiviert und ein Vergleich angeregt. Durch Ableiten bereits bekannter Wörter wird das selbstständige Verstehen neuer, unbekannter Wörter gefördert. Neues Vokabular kann so, statt durch ödes Memorieren alphabetischer Sequenzen, durch eigenes Zutun aus dem Kontext erschlossen werden. Eine Lernstrategie, die sich der Lernende quasi nebenbei aneignet.

Zielgruppen und Zweck der Übungsblätter / Kopiervorlagen

Die Übungsblätter / Kopiervorlagen richten sich an Jugendliche und Erwachsene, die erste Spanisch-Vorkenntnisse haben und ihren Wortschatz erweitern, festigen, wiederholen und kontrollieren wollen. Die Übungen haben den Anspruch, Wortschatz mit Spaß und viel Abwechslung im landeskundlichen Kontext zu vermitteln.

Alle Übungen stehen zum einen in direktem Bezug zum „Thematischen Grund- und Aufbauwortschatz Spanisch", dessen Kapitel und Unterkapitel sämtlich abgedeckt sind. Darüber hinaus lassen sich die Übungsblätter jedoch auch als eigenständige und vom TGAWS unabhängige Übungen bearbeiten. Als zusätzliche Materialien sind sie für einen möglichst breiten Interessentenkreis konzipiert und können an Schulen und an Sprachenzentren von Hochschulen, in der Erwachsenen- und Weiterbildung wie auch zum Selbststudium und bei erweitertem Kenntnisstand zur Selbstkontrolle verwendet werden.

Sämtliche Übungen sind thematisch in sich geschlossen und können daher in beliebiger Reihenfolge verwendet werden. Alle Übungsblätter sind schriftlich in etwa zehn bis fünfzehn Minuten zu lösen. Manche der Übungen sind sowohl für Einzel- als auch für Partner- oder Gruppenarbeit konzipiert. Sie eignen sich als Konversationsübungen, da sie die Lernenden zum verbalen Sprachgebrauch auffordern (siehe „Aufbau und Präsentation").

Da Vokabellernen nie ohne sinnstiftenden Kontext und auch nicht ohne erkennbaren Bezug zu grammatischen Phänomenen empfehlenswert ist, vermitteln die Übungen in geschlossenen Zusammenhängen grammatische sowie landeskundliche Aspekte. Bei der Erweiterung des Vokabelschatzes sind etwa Präpositionen oder Probleme des „subjuntivo" ebenso Thema wie kulturelle Eigenheiten Spaniens und Lateinamerikas (z. B. KV 33: das Verb *festejar* – feiern – liefert Beispiele für diverse Festivitäten in Spanien). Statt Wörter oder Sätze lediglich isoliert zu vermitteln, werden sie also im passenden situativen Kontext präsentiert.

Lehrer können die Kopiervorlagen als Anregung nehmen, anhand der beispielhaft zu verstehenden Übungen eigene Versionen zu entwickeln oder den Schülern die Aufgabe zu stellen, analoge Blätter auszuarbeiten.

Auf den letzen Seiten des Bandes finden sich die Lösungen aller Aufgaben. Diese können kopiert zur Selbstkontrolle an die Lernenden verteilt werden.

Aufbau und Präsentation der Übungsblätter / Kopiervorlagen

Insgesamt bieten die 82 Übungsblätter unterschiedliche Übungsformen an, die nachstehend kurz erläutert werden.

Die Angaben der Kopfzeile beziehen sich auf den „Thematischen Grund- und Aufbauwortschatz Spanisch". Die Kopfzeile zeigt auf, welches der 24 Kapitel des TGAWS behandelt wird, während die Abkürzungen GWS (Grundwortschatz) und AWS (Aufbauwortschatz) angeben, welcher Teil des Wortschatzes geübt werden soll. Die daneben stehenden Seitenangaben grenzen die Auswahl des zu übenden Wortschatzes noch genauer ein, sie beziehen sich auf die jeweiligen Unterkapitel des TGAWS.

Mit Ausnahme von Kapitel 1 (Angaben zur Person) und von Kapitel 24 (Amerikanismen) gibt es zu jedem

Vorwort

Unterkapitel zumindest eine Übungsseite. Je nach Wichtigkeit des Themas können aber auch mehrere Übungsseiten angeboten werden. Zum Abschluss jedes Kapitels wird meist eine Kopiervorlage angeboten, die den gesamten Grund- und Aufbauwortschatz eines Kapitels umfasst. Diese Seiten eignen sich daher gut als abschließender Wissenstest.

Eine weitere Besonderheit der Kopiervorlagen findet man beim Untertitel. Hierbei handelt es sich meist um spanische Redwendungen oder Sprichwörter, die als programmatische Überschrift jeweils die folgende(n) Übung(en) einleiten. In KV 82 werden in einer Zusatzübung zusammenfassend die wichtigsten Redewendungen behandelt.

Im TGAWS gibt es einige Hinweise auf Besonderheiten und Schwierigkeiten im Umgang mit der spanischen Sprache, vor allem im grammatischen Bereich, die in den sogenannten „i"-Kästchen zusammengefasst sind. Diese Anmerkungen sind auch in viele der Übungen der Kopiervorlagen eingegangen.

Übungsformen

Die 82 Kopiervorlagen bieten abwechslungsreiche Übungen für alle Lern- und Lehrmethoden.

Nachfolgend sind die unterschiedlichen Übungsformen kurz charakterisiert, um den Einsatz zu erleichtern.

- Zuordnungs- und Einsetzübungen: der Schwerpunkt liegt auf dem Verständis der kontextuellen Zusammenhänge (z. B. KV 1 Lückentext, KV 13 Sprechblasen, KV 36, KV 44)
- Wortfamilien und Wortbildung: Kreativität wird verlangt, um Wortschatz zu bilden oder zu verstehen (z. B. KV 2a und KV 13 Ableitung von Adjektiven und Substantiven, KV 20a, KV 57 zusammengesetzte Wörter)
- Synonym- und Antonymübungen (z. B. KV 20b, KV 66)
- Wortschatzerschließung: das Ableiten von Wörtern verlangt den Einsatz vorhandener Kenntnisse aus anderen Sprachen: (z. B. KV 8a, KV 24, KV 37c, KV 54a)
- Visueller Kontext: Bilder werden eingesetzt, um das Verhältnis zwischen Wort (signifiant) und Bedeutung (signifié) zu stärken (z. B. KV 3a, KV 5b, KV 16, KV 30a, KV 35)
- Typische spielerische Übungen: der Spaß an der Sache erhöht die Motivation der Lernenden und lässt die schwierige Aufgabe, Wortschatz zu lernen, zweitrangig erscheinen (z. B. KV 6 sopa de letras, KV 9a crucigrama de huecos, KV 25 Silbenrätsel, KV 78 grammatisches Kreuzworträtsel)
- Vokabelnetze oder „Mindmaps": Wörter werden logisch und / oder assoziativ miteinander verbunden. Sie werden so in einen zusammenhängenden Kontext gestellt, was den Lernerfolg steigert und als Vorteil gegenüber einer isolierten deutsch–spanischen Gegenüberstellung anzusehen ist. (z. B. KV 17b, KV 46a)
- Wortsequenzen: verlangen das genaue Verstehen der Bedeutung eines Wortes innerhalb eines Wortfeldes (z. B. KV 17, KV 61 Quartett, KV 67)
- Redewendungen und feststehende Ausdrücke (KV 68b, KV 82)
- Wortschatz kombiniert mit Grammatik (KV 10 und 79 *subjuntivo*, KV 10 und 48 Präpositionen, KV 73 Betonung, KV 74 Gebrauch von *ser, estar, hay*, KV 76 Personalpronomen)
- Wortschatz im Kontext : Gebrauch des Wortschatzes in realitätsnahem Kontext (z. B. KV 15 Rezepte, KV 21 persönliche Briefe und Geschäftsbrief, KV 26 Korrespondenz zwischen Austauschschülern, KV 27 Vorbereitung eines Lebenslaufs, KV 37 Hotelprospekte, KV 47 Organigramm eines Unternehmens, KV 63 Veranstaltungskalender, KV 70 Mathematikaufgaben)
- Landeskundliche Inhalte: Ziel hierbei ist, den Lernenden neben dem spanischen Wortschatz auch die spanische respektiv lateinamerikanische Realität und Lebensgewohnheiten näher zu bringen (z. B. KV 2b Karte Lateinamerikas, KV 33 spanische Feiertage, KV 40b geschichtliche Aspekte, KV 42a, KV 43 Karte Spaniens)
- Übungen für unterschiedliche Sozialformen: die Übungen eignen sich zur Partner- und Gruppenarbeit, entweder mündlich oder schriftlich, wobei dann mehr als zehn Minuten Arbeitszeit eingeplant werden müssen (z. B. KV 16, KV 34, KV 38b, KV 39, KV 41b, KV 55, KV 59a, KV 61, KV 62, KV 63, KV 65)
- Unterschiedliche Sprachvarietäten und -ebenen (z. B. KV 9b Umgangssprache, KV 22a Jugendsprache, KV 80 und KV 81 Lateinamerikanische Dialekte)

Viel Spaß und große Lernerfolge bei der Wortschatzarbeit mit dem „Thematischen Grund- und Aufbauwortschatz Spanisch" und den Übungsblättern!

Autorin und Verlagsredaktion

1 Angaben zur Person

¿Quién eres?

a) Escribe el masculino de las siguientes palabras. Ojo: No en todos los casos es posible.

1. la mujer: ____________________
2. la muchacha: ____________________
3. la señora: ____________________
4. doña: ____________________
5. soltera: ____________________
6. casada: ____________________
7. extranjera: ____________________
8. la señorita: ____________________
9. viuda: ____________________
10. divorciada: ____________________
11. la persona: ____________________

b) Relaciona las palabras de la casilla derecha para llenar los espacios en blanco:

vive
documento de identidad
pasaporte
profesión
dirección
nombre
años
apellidos
casado

Aduanero: Perdone señor, quiero hacerle unas preguntas.

Pasajero: Claro, con mucho gusto.

Aduanero: ¿Cuál es su ____________________?

Pasajero: Juan José.

Aduanero: ¿Y sus ____________________?

Pasajero: Rojas Muñoz.

Aduanero: ¿Su ____________________?

Pasajero: Avenida 4 norte # 4–10.

Aduanero: ¿Dónde ____________________?

Pasajero: En Colombia.

Aduanero: ¿Lleva usted el ____________________?

Pasajero: Sí, claro aquí tengo mi ____________________

Aduanero: ¿Está usted ____________________?

Pasajero: No, estoy todavía soltero.

Aduanero: ¿Cuántos ____________________ tiene?

Pasajero: 42.

Aduanero: ¿Y su ____________________?

Pasajero: Soy profesor.

Aduanero: Muchas gracias.

Pasajero: Con mucho gusto.

Nombre: Fecha

¿De dónde eres?

a) Completa la tabla con la nacionalidad, el/los idioma/s y/o el país que falta y marca con una cruz los países dónde has estado.

país	nacionalidad	idioma o idiomas	has estado
1. Alemania	alemán, alemana	alemán	✗
2. Canadá			
3. Venezuela			
4. México			
5.	austríaco, a		
6.	colombiano, a		
7.	argentino, a		
8.	inglés, inglesa		
9.		francés	
10. Italia			
11.	español, a		
12. Perú			
13. Portugal			
14. Paraguay			
15. Suiza			
16.	estadounidense		
17.	guatemalteco, a		
18. Ecuador		español	
19. Bolivia			

b) Busca en el mapa todos los países de Latinoamérica de la tabla en el orden que aparecen. Al final, con las letras marcadas, tienes el nombre de otro país latinoamericano.

1. _ _ _ _ _ _ _ _ _
2. _ _ _ _ _ _
3. _ _ _ _ _ _ _ _
4. _ _ _ _ _ _ _ _ _
5. _ _ _ _
6. _ _ _ _ _ _ _ _
7. _ _ _ _ _ _ _ _ _
8. _ _ _ _ _ _ _
9. _ _ _ _ _ _ _

Nombre del país buscado:

____

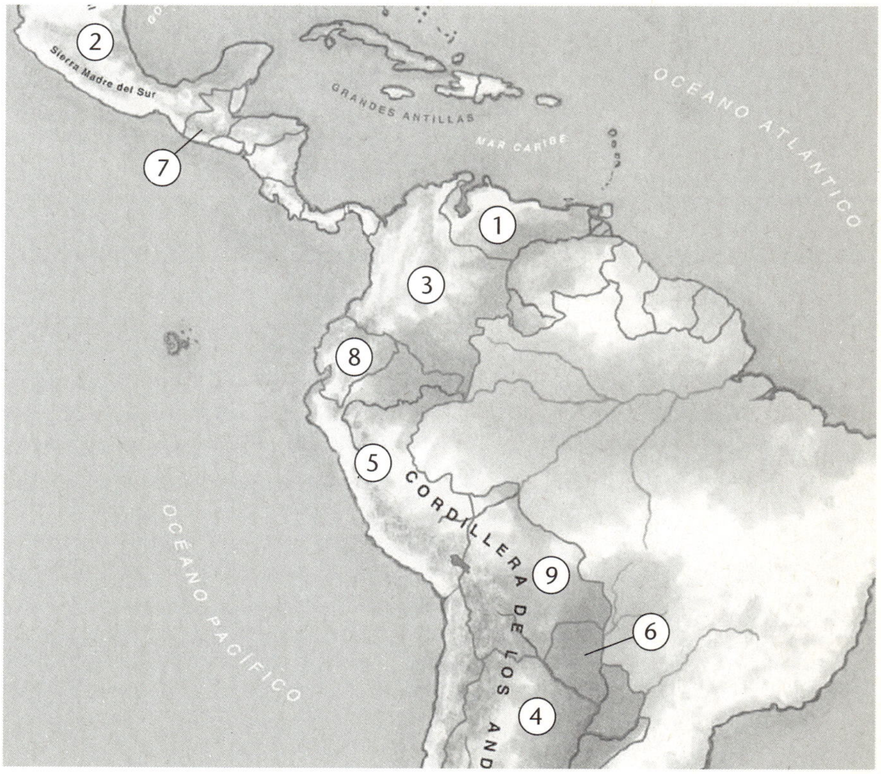

Nombre: Fecha:

¡Qué cuerpo!

a) Mira el dibujo del cuerpo humano y escribe la palabra correspondiente. Al final, si tomas las letras marcadas con un círculo y las pones en el orden indicado, obtienes la respuesta para una parte del cuerpo que te duele cuando comes muchísimo.

2.

10.

3.

9.

4.

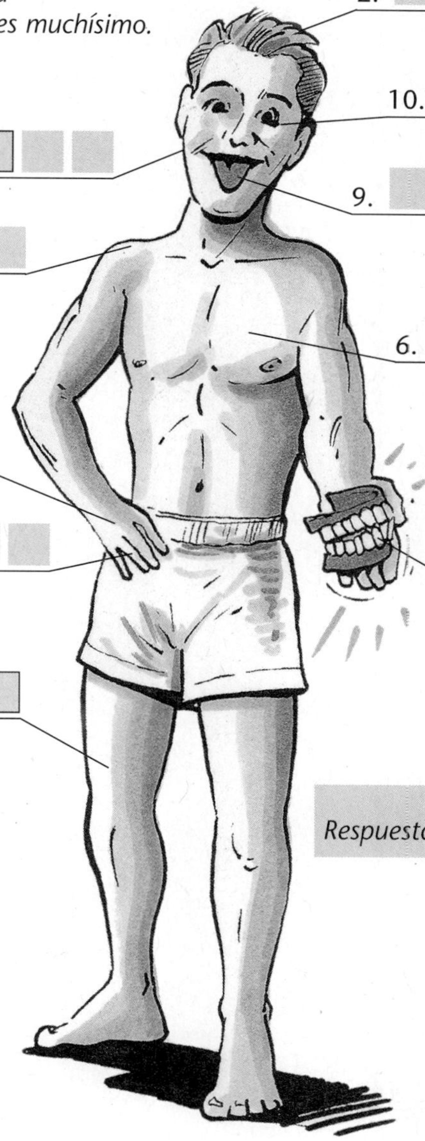

6.

7.

1.

5.

8.

Respuesta: ______________________

b) Busca palabras más y más largas en español y ponlas en las casillas de la izquierda.

P	I	E

Palabras de 3 letras : Fuß, Auge

Palabras de 4 letras : Haut, Gesicht, Mund

Palabras de 5 letras : Arm, Knochen, Brust, Ohr, Backenzahn

Palabras de 6 letras: Körper, Stirn, Blut

Palabras de 8 letras : körperlich, Magen

Nombre: ______________________ Fecha: ______________________

El amor, la vida y otros problemas...

a) Completa la corta historia de Gustavo y Alejandra con las palabras indicadas. Ojo: Tienes que conjugar los verbos, si es necesario.

bebé ~~chico~~ besarse querer chica enamorados nacer íntimas niño

Gustavo es un chico ____________ de 22 años y Alejandra una ____________ de 18.

Se conocen en una fiesta y después de la primera mirada quedan locamente ____________.

Pocos días después van a comer juntos y ____________. Un mes más tarde tienen relaciones ____________. Como ellos se ____________ mucho se casan. Nueve meses más tarde ____________ su primer ____________, un ____________ que se llama Juan.

b) Completa el puzzle con los sustantivos o verbos correspondientes que faltan:

c) Escribe el contrario de las siguientes palabras. Ojo: los adjetivos pueden ser masculino o femenino, plural o singular.

1. el calor ____________
2. la muerte ____________
3. duro ____________
4. viejas ____________
5. el silencio ____________
6. salados ____________
7. caliente ____________
8. nacer ____________
9. las chicas ____________
10. viva ____________

Nombre: ____________ Fecha: ____________

Cosas de todos los días

a) *Aquí tienes la historia de un día en la vida de Pedro Pérez. Un señor que todos los días hace lo mismo... Completa los verbos que faltan.*

El señor Pedro Pérez ________ a las 5 de la mañana. ________ las luces porque todo está oscuro y ________ con jabón. Después de beber un café ________________. ________ las luces y ________ de casa. ________ a trabajar a las 6, por eso tiene que darse ________. ________ para no llegar tarde, ________ el autobús y ________ a las 5 en punto. Trabaja hasta las 4 de la tarde cuando ________ a su casa. ________ muy cansado así que ________ y ________ y ________ con una vida llena de acción.

b) *Ésta es una foto del señor Pérez. Marca los adjetivos que lo describen.*

alto	despierto
bajito	feo
moreno	gordo
delgado	fuerte
cansado	guapo
negro	blanco

c) *Responde a las preguntas. Pon las letras en el orden correcto y completa las frases.*

1. Para secarme las manos necesito una ____________.
2. Para afeitarme necesito una ____________.
3. Para lavarme la cabeza necesito ____________.
4. Para lavarme las manos necesito ____________.
5. Para peinarme necesito un ____________.
6. Para ir a la playa a tomar el sol necesito ____________.

l l a a t o ____________

d i a f u a n á m a e t i q e r ____________

n a j ó b ____________

e n i p e ____________

p h ú c a m ____________

p e m a r o c r a l e s a l ____________

Nombre: Fecha:

Tu cuerpo te necesita y tú necesitas tu cuerpo

Busca las partes del cuerpo correspondientes a las siguientes preguntas en la sopa de letras (de arriba para abajo, de izquierda a derecha). Al final quedan unas letras, ¿cuáles y cuántas son?

1. ¿Con cuál parte del cuerpo puedes oler? la nariz
2. ¿Con cuál parte del cuerpo puedes ver o mirar? ______
3. ¿Con cuál parte del cuerpo puedes gustar si algo es dulce o salado? ______
4. ¿Con cuál parte del cuerpo puedes oír o escuchar? ______
5. ¿Con cuál parte del cuerpo puedes tocar algo normalmente? ______
6. ¿Con cuáles partes del cuerpo comes? (2 diferentes a las anteriores) ______ ______
7. ¿Con cuál parte del cuerpo piensas? ______
8. ¿Cuál parte del cuerpo tienes que mover especialmente para bailar (merengue o salsa)? ______
9. ¿Cuál parte del cuerpo tiene problemas si fumas mucho? ______
10. ¿Cuáles partes del cuerpo llevan y traen la sangre del corazón? ______ ______
11. ¿Con cuál parte del cuerpo acaricias a un niño normalmente? ______
12. ¿Cuál parte del cuerpo mueves cuando sonríes? ______
13. ¿Con cuál parte del cuerpo puedes rascarte mejor? ______
14. ¿Para cuál parte del cuerpo es malo tomar mucho alcohol? ______

¿Qué letras quedan? ______

o	c	o	b	h	í	g	a	d	o	o	o	u
a	e	l	o	o	u	o	p	o	o	a	í	ñ
r	r	e	c	i	o	i	u	o	a	o	d	a
t	e	n	a	r	i	z	l	a	b	i	o	s
e	b	g	e	u	e	u	m	a	n	o	s	a
r	r	u	o	j	o	s	o	i	i	u	ó	o
i	o	a	u	e	e	u	n	e	a	e	i	o
a	d	e	d	o	s	v	e	n	a	s	u	i
s	d	i	e	n	t	e	s	e	a	i	i	u
c	a	d	e	r	a	s	e	ó	u	o	a	o

Nombre: Fecha:

Detecta el virus

Marca la palabra que no pertenece al grupo y explica la razón (de sentido o gramática).

1. médico
   especialista
   consultorio
   dentista

   razón: El consultorio es un lugar/sitio, no una profesión.

2. gotas
   receta
   pastilla
   venda

   razón: __________

3. ¿Cómo se encuentra hoy?
   ¿Qué tal?
   ¿Cómo está?
   !Qué se mejore!

   razón: __________

4. farmacia
   consultorio
   hospital
   consulta

   razón: __________

5. radiografía
   enfermero
   inyección
   operación

   razón: __________

6. enfermo
   dolor
   débil
   sano

   razón: __________

7. especialista
   homeópata
   dentista
   médica

   razón: __________

Nombre: __________ Fecha: __________

Inglés, alemán, español ... todo te ayuda

a) ¿No conoces algunas palabras? No hay problema: puedes reconocerlas o adivinar su significado. Para ayudarte piensa en posibles pistas de otras lenguas: esp., ingl., alem. Son las abreviaturas para otra palabra en español, inglés o alemán que seguramente conoces.

palabra	**pista**	**posible pista**	**traducción**
enfermedad	*esp.*	enfermo	Krankheit
alcohol	*alem.*		
sufrir	*ingl.*		
gripe	*alem.*		
resfriado	*esp.*		
drogarse	*alem.*		
prevenir	*ingl.*		
tabaco	*alem.*		
mareado	*esp.*		
fiebre	*alem.*		
vomitar	*ingl.*		
cigarrillo	*alem.*		
cáncer	*ingl.*		
curar	*alem.*		
tratar	*ingl.*		

b) Piensa en la familia de palabras:

Si tienes tos, tienes que ________________.

Si fumas mucho, eres un ________________.

La ceniza la pones en un ________________.

Consumir drogas es igual que ________________.

Si hace demasiado frío, puedes ________________.

Tener una herida significa estar ________________.

Nombre: Fecha:

No te desmayes que no es tan difícil

a) Llena los espacios en blanco y pon las respuestas en las casillas correspondientes del crucigrama. Al final obtienes de forma vertical la respuesta a la pregunta clave.

- Si se te ha caído un (1) ___*empaste*___ vas al dentista.
- Si estás en el quirófano, antes de empezar con la cirugía te ponen (2) ______________ para que no sientas dolor.
- Si una herida se te infecta, tienes que abrirla para que salga el (3) ______________.
- Si te sientes muy mal y es domingo, vas a (4) ______________.
- Si te tuerces el pie y te duele vas a andar (5) ______________.
- Cuando se cura una herida, después de unos meses, tienes una (6) ______________ para toda la vida.
- Si pones la mano en algo muy caliente, te puedes (7) ______________.
- Si haces y dices cosas que no son normales, puedes estar (8) ______________. También lo puedes estar por amor.
- Si eres un hombre y no ves, estás (9) ______________. También lo puedes estar por amor, entoces se dice que el amor es (9) ______________.
- Si, como en la anterior, eres un hombre y no oyes o no quieres oír entonces estás (10) ______________.
- Si muchos de tus amigos tienen los mismos síntomas al mismo tiempo entonces puede ser un (11) ______________.
- Si tienes picaduras de mosquito, es bueno frotarse con una (12) ______________.

Pregunta clave: Dependiendo de tu enfermedad vas a ver a un ______________.

b) Hay palabras que tienen un significado y que se usan popularmente con otro muy diferente. En la siguiente tabla encuentras el primer significado y tú tienes que escribir el segundo significado.

palabra	primer significado	segundo significado
caballo	Pferd	
camello	Kamel	
perico	Wellensittich	
chocolate	Schokolade	
porro	grobschlächtig	

Nombre: Fecha:

El subjuntivo y las preposiciones son cuestión de sentir

a) Conjuga los verbos de la columna izquierda, relaciónalos con ***que, de, de que*** *o –*
y con la frase de la derecha. Escribe la frase completa. Ojo: fíjate en el sentido y en la gramática.

1. alegrarse (yo)		1. venir mañana. (ellos)
2. gustar (Juan)		2. jugar al fútbol. (Juan)
3. creer (María)	de	3. ir a la fiesta. (Juan)
4. sentir (yo)		4. no poder ir al cine. (yo)
5. no creer (Pedro y Ana)	que	5. tener tiempo esta noche. (Luis)
6. dudar (yo)		6. venir a la fiesta. (Luis)
7. estar contento (Pedro y Luis)	–	7. jugar al fútbol también. (Juan)
8. alegrarse (Juan)		8. jugar al fútbol mañana. (Juan)
9. sentir (Ana)	de que	9. no ir a la fiesta ni al cine. (Juan)
10. no pensar (Pedro, Luis y Juan)		10. salir con María y Ana. (Pedro, Luis y Juan)
11. tener ganas (ellas)		11. conocer a otros chicos más simpáticos (ellas)
12. no gustar (ellas)		12. jugar al fútbol, pero bailar. (ellas)

1. *Me alegro de que vengan mañana.*
2. ______________________________
3. ______________________________
4. ______________________________
5. ______________________________
6. ______________________________
7. ______________________________
8. ______________________________
9. ______________________________
10. ______________________________
11. ______________________________
12. ______________________________

b) Marca la respuesta correcta. Ojo con las preposiciones.

1. Los turistas están contentos
   a) a ir a sitios históricos.
   b) de ir a sitios históricos.
   c) ir a sitios históricos.

2. Perdón, me he equivocado
   a) a número.
   b) de número.
   c) el número.

3. La señora Muñoz ha decidido
   a) buscar otro trabajo.
   b) a buscar otro trabajo.
   c) por buscar otro trabajo.

4. Hoy hemos pensado
   a) a ti todo el día.
   b) con ti todo el día.
   c) en ti todo el día.

5. Antonio José está loco
   a) para Juliana.
   b) a Juliana.
   c) por Juliana.

6. Miguel se dio cuenta
   a) que Ana estaba muy nerviosa.
   b) de que Ana estaba muy nerviosa.
   c) con que Ana estaba muy nerviosa.

Nombre: **Fecha:**

La esperanza es lo último que se pierde

a) Subraya el verbo correcto para completar las frases.

1. Estoy / Soy / Presto muy contenta de estar hoy con ustedes.
2. Los exámenes me ponen / dan / hacen nerviosa.
3. Juan le ha hecho / dado / tenido una gran alegría a María con su visita.
4. ¿A qué le haces / pones / tienes miedo?
5. Le ponemos / hacemos / tenemos mucho cariño a la secretaria de la universidad.
6. ¿A quién le tienes / haces / pones confianza?
7. Doy / Tengo / He ganas de ir al teatro esta noche.
8. Me presta / hace / tiene ilusión verte esta noche.
9. Los días grises me dan / prestan / ponen tristeza.
10. Me pone / hace / da rabia esperar a una persona impuntual.
11. Juan siempre cree que hace / está / tiene razón.
12. He / Tengo / Hago la sensación de que Mónica no va a venir.
13. Esa solución no tiene / da / hace lógica.
14. ¿No te has prestado / dado / puesto cuenta de que ya has terminado el ejercicio?

b) ¿Qué quieren decir las caras? Completa el texto con el adjetivo o el sustantivo apropiado.
Ojo: al sentido y a la cara.

Era viernes por la tarde y Manolito estaba muy ______________  porque no tenía ningún plan para todo el fin de semana. Tenía ganas de invitar a Marta al cine pero como le dio ______________  no lo hizo. Ahora tenía muchos celos y estaba muy ______________  porque Marta salió con Pedro.

Manolito estaba ______________  de Pedro. De pronto sonó el teléfono, Manolito lo contestó pero nadie habló. Volvió a sonar y nada. Manolito estaba ______________ . Al fin, volvió a sonar y Manolito oyó la voz afectuosa de Marta.

Manolito estaba ______________  de oír esta voz. Los dos sentían una gran ______________  y los dos estaban muy ______________ .

Por fin, Manolito tuvo una buena ______________  y la invitó a comer a un restaurante. A Marta le encantó la invitación. Marta llamó a Pedro.

Ahora Pedro estaba muy ______________  con Marta y desconfiaba de Manolito.

¿Quieres saber qué va a pasar con Manolito, Marta y Pedro? ¿Si después de esta noche Marta prefiere a Manolito o a Pedro? Entonces no te pierdas el próximo capítulo de nuestra serie el próximo lunes a la misma hora por el mismo canal.

Nombre: Fecha:

Carácter y reacciones

*a) Aquí tienes diferentes formas de ser de algunas personas (todas en masculino singular). Míralas y pon en el crucigrama de abajo las características negativas y en el de arriba las posivitas. Para ayudarte en el primer crucigrama están todas las veces que aparece la letra **a** y en el otro la **e**. Al final, con las letras de las casillas grises, obtienes las respuestas a dos preguntas clave.*

amable | simpático | cruel | malo | irresponsable

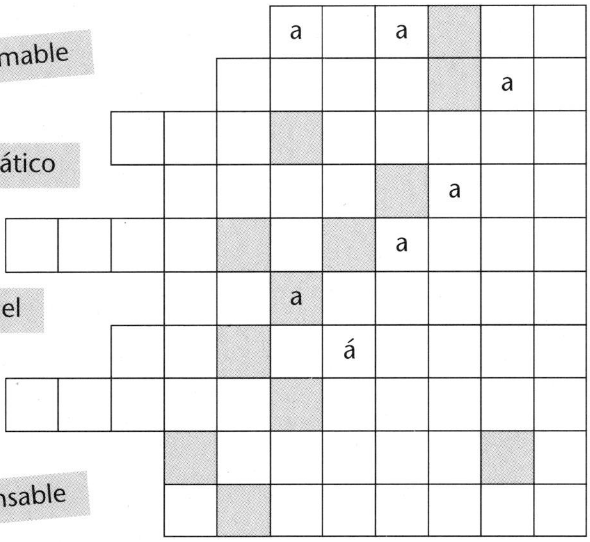

divertido | gracioso | puntual | inteligente | ordenado | perezoso

Pregunta clave: Si eres así entonces tienes muchos ____________________.

responsable | generoso

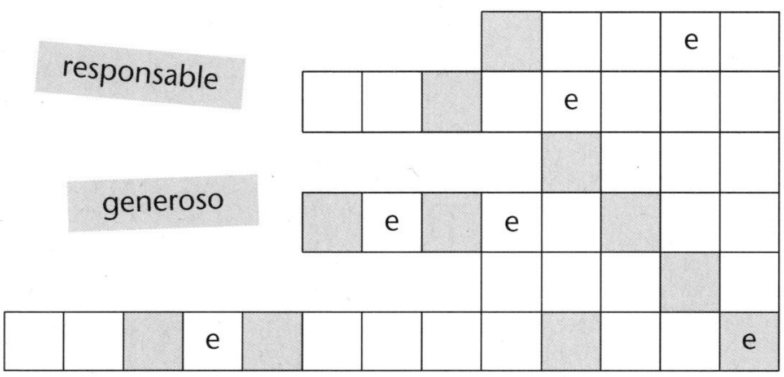

violento | bruto | correcto

Pregunta clave: Si una persona es así entonces, debe ____________________ de otra manera.

b) Reacciona como corresponda.

1. Miguel no pudo impedir que el almacén se quemara.
   a) ¡Vaya!
   b) ¡Venga!
   c) ¡Por cierto!

2. Los jueces deberían ser objetivos e imparciales.
   a) ¡Así es!
   b) ¡Qué lío!
   c) A ver.

3. ¿Puedo hablar con el director de la empresa?
   a) ¿Verdad?
   b) ¡Por supuesto!
   c) Ojalá.

4. ¿Qué nos propone para resolver este asunto?
   a) O sea …
   b) Me es igual.
   c) A ver …

5. ¿Vamos al cine esta noche?
   a) ¡Cuidado!
   b) Por cierto.
   c) ¡Vale!

6. ¿Me permite pasar?
   a) ¡Vámonos!
   b) ¡Ojo!
   c) ¡Desde luego!

7. Quiero confirmar mi vuelo de regreso.
   a) De ninguna manera.
   b) De todos modos …
   c) ¡Venga!

8. Los autores renunciaron a seguir discutiendo con el editor.
   a) ¡Qué lástima!
   b) ¡Fuera!
   c) Entonces …

Nombre: **Fecha:**

Cada sustantivo con su adjetivo

Traduce los sustantivos y forma un adjetivo de cada uno de ellos y ordénalos según sus sufijos.

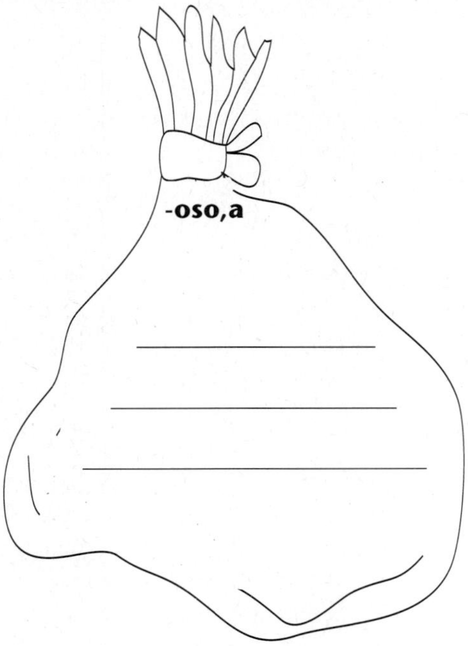

xenofobia Fremdenfeindlichkeit

amabilidad ______________

atención ______________

gracia ______________

curiosidad ______________

tontería ______________

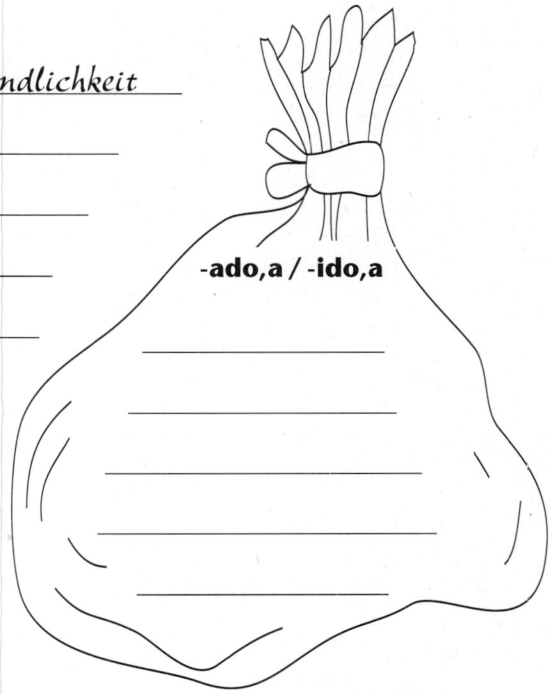

violencia ______________

inteligencia ______________

interés ______________

decisión ______________

permiso ______________

ignorancia ______________

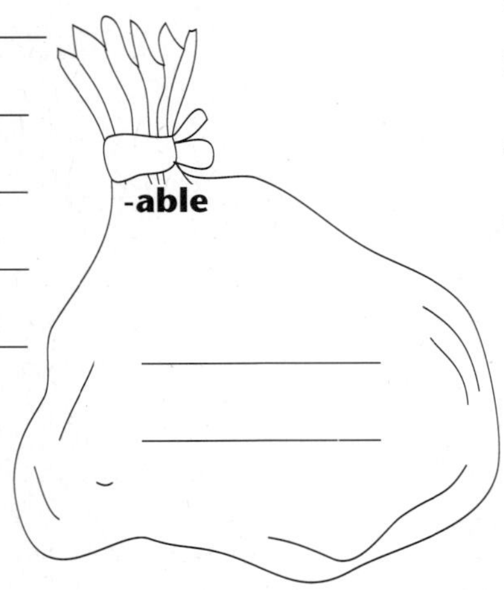

prohibición ______________

habilidad ______________

capacidad ______________

cuidado ______________

bondad ______________

abandono ______________

competencia ______________

malicia ______________

responsabilidad

____

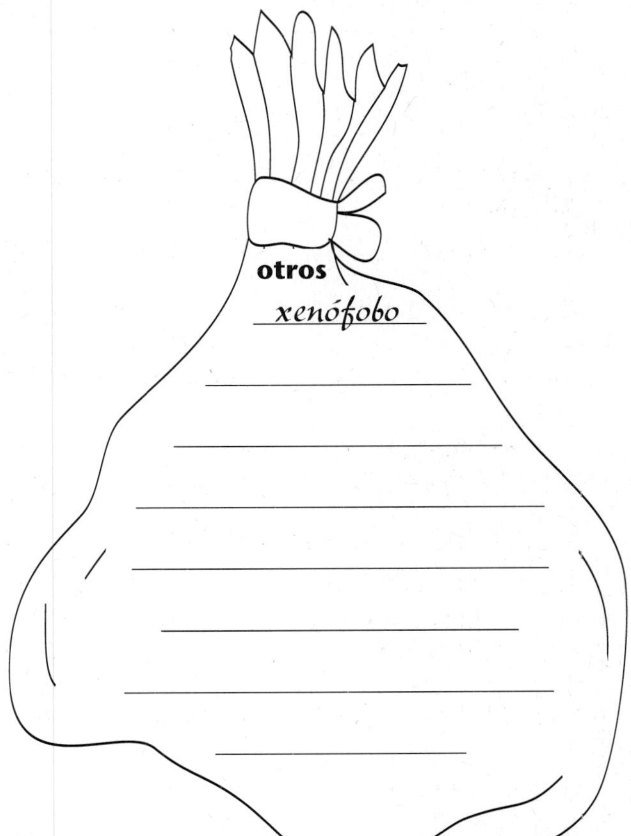

Nombre: Fecha:

Hay que saber comprar

a) Pon el diálogo en el orden adecuado.

Blanca:
- Muy bien.
- Yo nunca compro en el supermercado.
- Entonces, vamos. ¿Quieres comer algo antes? Yo tengo mucha hambre.
- En el mercado la verdura, en la carnicería la carne, en la pescadería el pescado y las otras cosas en la tienda de la señora González.
- Hola Victoria.
- Pero muchas tiendas están cerradas ya.

Victoria:
- A mí me gusta comprar en el supermercado porque encuentro todo y tienen buenos precios.
- Yo no, en mi casa la comida es a las dos, así que yo sólo voy a tomar un cortado.
- Voy de compras al centro comercial, ¿quieres venir?
- Hola Blanca, ¿qué tal?
- Sí pero el supermercado no cierra al mediodía.
- ¿Dónde compras tú?

Victoria: *Hola Blanca, ¿qué tal?*

Blanca: __________

Victoria: __________

Blanca: __________

Victoria: __________

Blanca: __________

Victoria: __________

Blanca: __________

Victoria: __________

Blanca: __________

Victoria: __________

Blanca: __________

b) ¿Quién lo dice: el vendedor o el cliente? Marca tus respuestas con una cruz.

	Cliente	Vendedor
1. ¿Cuánto cuestan estos zapatos?	☒	☐
2. Pago en metálico.	☐	☐
3. ¿A cuánto está la tableta de chocolate alemán?	☐	☐
4. Me está muy estrecho.	☐	☐
5. ¿Qué desea?	☐	☐
6. ¿Me enseña los zapatos?	☐	☐
7. Perdón, nos faltan los cubiertos.	☐	☐
8. ¿Ya le atienden?	☐	☐
9. Si me hace un buen precio me llevo toda la caja de naranjas.	☐	☐
10. ¿Quiere probárselo?	☐	☐
11. No me gusta nada.	☐	☐
12. Hoy tenemos tortilla de pimiento.	☐	☐
13. Póngame un jerez, por favor.	☐	☐
14. ¿Cuánto es?	☐	☐

Nombre: **Fecha:**

¡Qué hambre!

Aquí tienes tres recetas que pueden ser el menú del día. Decide cuál es el primer plato, el segundo y el postre, busca el nombre y los ingredientes que necesitas para cada receta. Al final puedes ver qué ingredientes has comprado mal.

Tortilla de atún
Tarta de manzana
Sopa de arroz

Primer plato
Segundo plato
Postre

____

____

Ingredientes:

______________ ______________

______________ ______________

______________ ______________

____

Hay que calentar 1 litro de sopa de pollo y echarle 1/4 de libra de arroz. Hay que esperar 15 minutos y echarle la sal. En otra taza se echa el yogur, el huevo y 50 gramos de harina y se pone a cocinar durante 5 minutos. Se mezcla con la sopa de pollo y el arroz durante 5 minutos más. Los 45 gramos de mantequilla y la sal se le echan sólo en el momento de servir.

____

____

Ingredientes:

____

____

____

____

Hay que calentar 50 mililitros del aceite; cuando está caliente, se echan 50 gramos de atún y se corta con un tenedor. Después se mezclan los 4 huevos en una taza. Se calientan los otros 50 mililitros de aceite y cuando está caliente se echan los huevos con la sal (poca porque el atún ya tiene bastante sal). Se echa el atún en la mezcla de huevos. Se sirve inmediatamente.

____

____

Ingredientes:

______________ ______________

______________ ______________

______________ ______________

______________ ______________

______________ ______________

Se ponen los 200 gramos de harina en la mesa. Encima se echan los 100 gramos de mantequilla, los 50 mililitros de aceite, los 50 gramos de azúcar y la sal. Se mezcla todo y se echa poco a poco el 1/2 litro de agua. Se echa 1/2 kilo de manzanas peladas y cortadas en 4 y cada 4 en 4 otra vez. Se echan 25 gramos de azúcar, 1/8 litro de zumo de limón y 20 gramos de mantequilla cortada. La mezcla de la harina se pone encima y se mete en el horno durante 45 minutos. Se sirve caliente.

1 litro de sopa de pollo
$^1/_4$ libra de arroz
1 yogur
50 + 200 gramos de harina
1 kilo de patatas
1 + 4 huevos
50 gramos de atún
20 + 45 + 100 gramos de mantequilla
50 + 100 mililitros de aceite
sal
25 + 50 gramos de azúcar
$^1/_2$ litro de agua
$^1/_8$ litro de zumo de limón
$^1/_2$ kilo de naranjas
$^1/_2$ kilo de manzanas

Nombre: Fecha:

¿Quién será?

En parejas: Cada uno escoge una persona. Uno tiene que adivinar cuál ha escogido el otro con preguntas (¿Lleva....?) y viceversa. Ojo: sólo se puede responder con sí o no.

Individual: Describe como van vestidas estas personas (ropa, color, material, joyas, etc.) con mínimo 4 características por persona.

Nombre: Fecha:

A ordenar las ideas y las palabras

a) Pon las palabras en el orden lógico.

1. comida – desayuno – cena — *desayuno – comida – cena*
2. servir – beber – pedir ______
3. planchar – lavar – ponerse ______
4. comprar – comer – cocinar ______
5. comer – desayunar – almorzar ______
6. bebida – beber – sed ______
7. calentar – quemar – hervir ______
8. medio hecho – muy hecho – poco hecho ______
9. la cuenta – la propina – el menú ______
10. el postre – el aperitivo – la ración ______
11. llevar – vestirse – desnudarse ______
12. plancha – secadora – lavadora ______

b) Mindmap

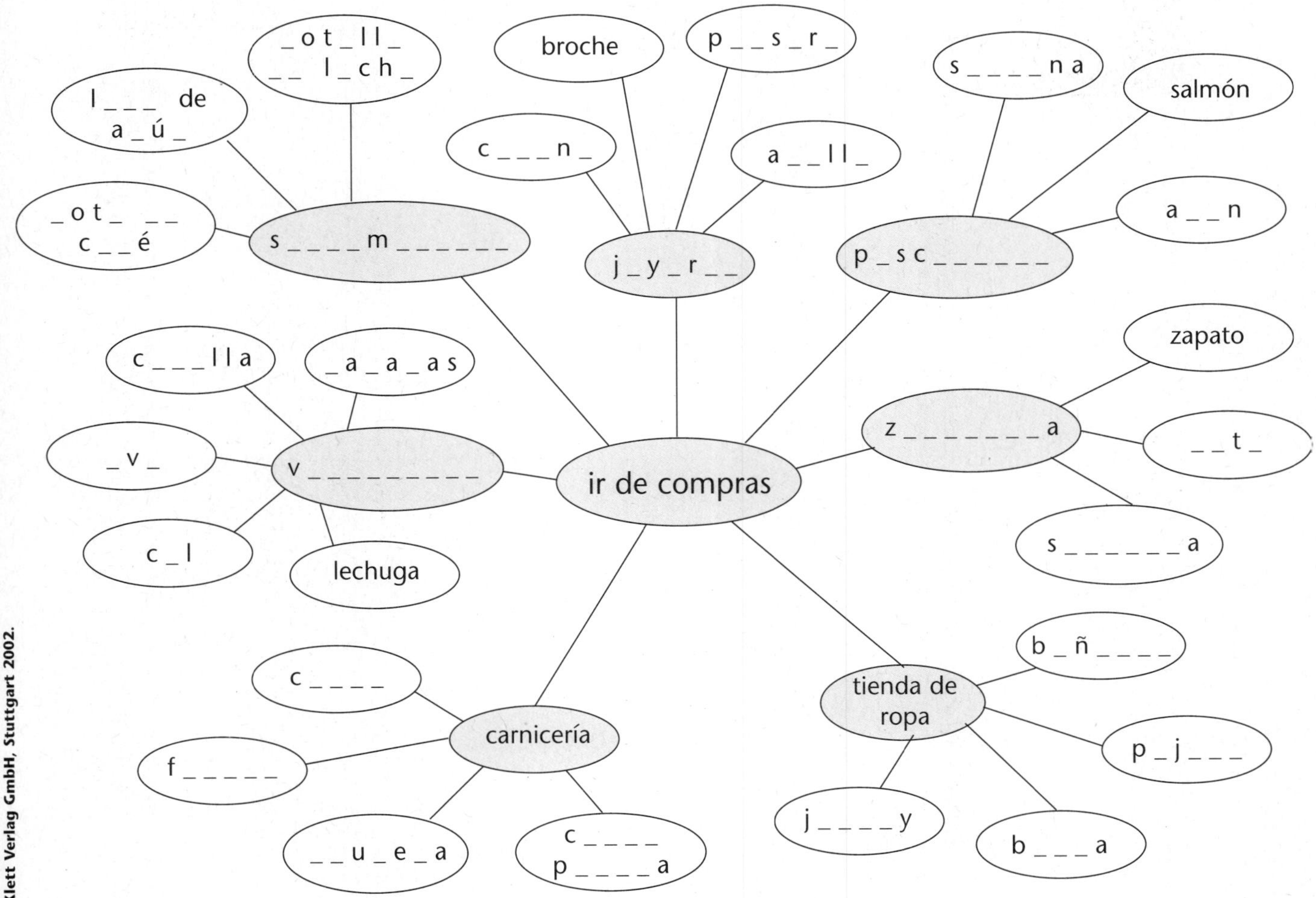

Nombre: Fecha:

Dale al clavo (Triff den Nagel auf den Kopf)

a) Relaciona la actividad con la persona correspondiente.

1. Persona que construye edificios	a) vecino,a
2. Persona que hace que el agua de una casa funcione	b) arquitecto,a
3. Persona que trabaja con la electricidad	c) portero,a
4. Persona a la que le pertenece p.e. una casa	d) fontanero,a
5. Persona que vive al lado de tu casa	e) dueño,a
6. Persona que mira que todo funcione en un edificio	f) pintor,a
7. Persona que pinta	g) electricista

b) Mira el dibujo de una finca española y escribe la palabra correspondiente.

c) Relaciona las palabras de la columna derecha con las de la izquierda y explica cuál es su relación.

1. cemento	a) martillo	1.
2. tornillo	b) trasladarse	2.
3. entrada	c) arena	3.
4. bombilla	d) pintar	4.
5. ventana	e) destornillador	5.
6. clavo	f) cristal	6.
7. pintura	g) salida	7. d) Para pintar se necesita pintura.
8. mudarse	h) fundirse	8.

Nombre: Fecha:

¡Qué desorden!

a) Pon todas estas cosas en el lugar correcto. Ojo: todas tienen dos respuestas, una sólo tiene una respuesta, ¿cuál es?

En	el dormitorio la puerta el comedor la sala la cocina el baño	hay	un una unos unas	cierre ducha lavabo cocina de gas mesa cama sillas sofá armario sillón nevera		

1. *En el dormitorio hay una cama y…*
2. ______________________________
3. ______________________________
4. ______________________________
5. ______________________________
6. ______________________________

b) ¿Qué dijo la pobre ama de casa mientras limpiaba la casa?

1. No me gusta fregar los __________.

2. Barro la casa con una __________.

3. En mi casa, los lunes, recogen la __________.

4. Voy a mirame en el __________.

5. Hay que limpiar el __________.

6. Está oscuro, enciende la __________, por favor.

7. ¡No entiendo por qué tengo que __________ siempre lo mismo!

8. Hay que meter el abrigo en el __________.

polvo · escoba · arreglar · basura · lámpara · espejo · platos · perchero

Nombre: Fecha:

La arquitectura de las palabras

a) Mira estas palabras y escribe de dónde pueden venir (de un verbo, un sustantivo o un verbo y un sustantivo) en la columna correspondiente.

palabra	**verbo**	**sustantivo**	**verbo + sustantivo**
entrada			
construcción			
vivienda	vivir		
limpiacristales			
cerradura			
bañera			
abrebotellas			
florero			
amueblar			
despertador			
papelera			
recibidor			
lavavajillas			
abrelatas			
fregadero			
sacacorchos			
portería			

b) Busca otra palabra/el sinónimo para:

trapo bayeta
sillón ______
pilar ______
florero ______
nevera ______
cazuela ______
wáter ______
planta ______
propietario,a ______

c) Hay palabras que son muy parecidas pero no iguales. Piensa en la diferencia.

1. Los dos son para pintar pero el p_ince_l es más delgado que la b_roch_a.
2. Las dos sirven para subir y bajar pero un e______n es una parte de una e______a.
3. En las dos se puede dormir, pero en una c______a encuentras a un bebé y en una c______a a un adulto.
4. En las dos puedes vivir pero la c______a es sólo lo material y el h______r es donde te sientes bien con tu familia.
5. Por las dos se puede entrar y salir pero un p______l es grande y más importante y una p______a puede ser cualquiera.
6. Las dos son partes de una casa pero el á______o está muy arriba y el s______o muy abajo.
7. En los dos se ponen cosas que no se quieren tener más, pero en la p______ a sólo se pone papel y en el c______o de la b______a las otras cosas.

Nombre: Fecha:

Cartas y más cartas

Aquí tienes tres cartas, complétalas con las palabras dadas.

abuelos
yerno
padres
hijos
nuera
mujer
hermana
familia

Málaga, 28 de septiembre de 2001

__________ mi __________:

hace dos días que estoy aquí en casa de mis __________.

Ya sabes que los padres de mi madre, mis __________ Pepa y Pepe viven con ellos. La hermana de mi padre, mi __________ Luisa, llega mañana con su __________, mi tío Juan. Mi hermano mayor viene con su mujer, la __________ de mis padres; ¡es un matrimonio muy feliz! Mi __________ menor viene con su nuevo __________ y futuro __________ de mis __________, pues piensan casarse pronto. Y tú y yo, guapa, ¿cuándo quieres ser mi __________ y que yo sea tu marido y tener muchos __________?

Buenas noches , cariño mío,

José

Bogotá, 2 de septiembre de 2001

__________ señor Rojas:

queremos darle la __________ a Colombia y esperamos que su trabajo aquí tenga un gran éxito.

Mañana a las 10 de la mañana pasamos a buscarlo en su hotel.

__________,

Enrique Salazar
Director General

Madrid, 20 de junio de 2001

__________ tía María:

por fin tengo tiempo para escribirte una pequeña carta.

La familia con la que vivo es muy amable. Ya me han __________ a casi toda su __________ y amigos. Mañana __________ __________ la hija mayor y vamos a tener una gran fiesta en casa, en la que voy a __________ al resto de la __________.

¿Cómo están todos en casa? __________ a todos y para ti un __________.

¡Hasta __________!

Claudia

abrazo
marido
querida
bienvenida
amor
pronto
recuerdos
hola
estimado

tía
novio
conocer
familia
casarse
presentar
padres
cordialmente

Nombre: Fecha:

Los jóvenes y su lengua

a) Traduce las siguientes frases al alemán y di si son de la lengua popular o no.

	sí	no
1. Estoy buscando un curro para sacar algo de pasta para mis vacaciones. Ich bin auf der Suche nach einem Job, um etwas Kohle für die Ferien zu verdienen.	☒	☐
2. Esta noche vamos a encontrarnos con un grupo de amigos. ____________________	☐	☐
3. Marta está ahora con un gilipollas, que es pasota y machista. ____________________	☐	☐
4. ¡Menudo chollo que tienes con tu chavala! ____________________	☐	☐
5. En la recepción casi todos eran conocidos nuestros. ____________________	☐	☐
6. Los extranjeros tienen que aprender la lengua del país donde viven para integrarse. ____________________	☐	☐
7. Marta es una tía que mola mucho. ____________________	☐	☐
8. Esta noche voy a currar en casa de unos amigos de mis padres, voy a hacer de canguro. ____________________	☐	☐
9. ¿Has ligado con ese tío? ____________________	☐	☐

b) Llena los espacios en blanco con una de las posibilidades dadas en cada frase.

1. Carlitos ya va al colegio y tiene muy buenos ____________.
   colegas – compañeros
2. La ____________ en Latinoamérica es muy alegre.
   gente - humanidad
3. Mañana tengo una ____________ con mi dentista.
   visita – cita
4. La ____________ entre Pedro y Susana va mal y sólo llevan 6 meses de casados.
   integración – relación
5. Alejandra es mi mejor ____________. Nos conocemos desde hace 20 años.
   conocida – amiga
6. El colegio organiza una excursión ____________ al Museo Dalí en Figueres.
   común – en grupo

Nombre: **Fecha:**

Un crucigrama

Horizontal:

1. Algo que no es seguro.
2. Sinónimo de pensar.
3. Algo que se piensa de algo o de alguien.
4. Que no se puede creer.
5. Sinónimo de tener.
6. Dar las gracias.
7. Muy, muy feo o que causa horror.
8. Antónimo de bueno.
9. Lo que se le da a alguien para su cumpleaños.
10. Muy bello.
11. Que no tiene duda. Cierto.
12. Poco inteligente, tonto.
13. Adverbio de la respuesta número 8 horizontal.
14. Muchísimo dinero.

Vertical:

1. Lo que se le dice a alguien que se va a hacer por él o ella.
2. Decir por qué te gusta o no algo o alguien.
3. Sinónimo de gustar más que otras cosas.
4. Comparativo de malo.
5. Antónimo de pobre.
6. Lo que haces cuando alguien te necesita.
7. Decir que algo es verdad cuando tú sabes que no lo es.
8. Si tú ayudas a alguien, entonces has hecho un ... .
9. Algo excelente, más que bueno.
10. Algo que es muy, muy malo.
11. Tocar algo con la mano u otra cosa de forma muy fuerte.

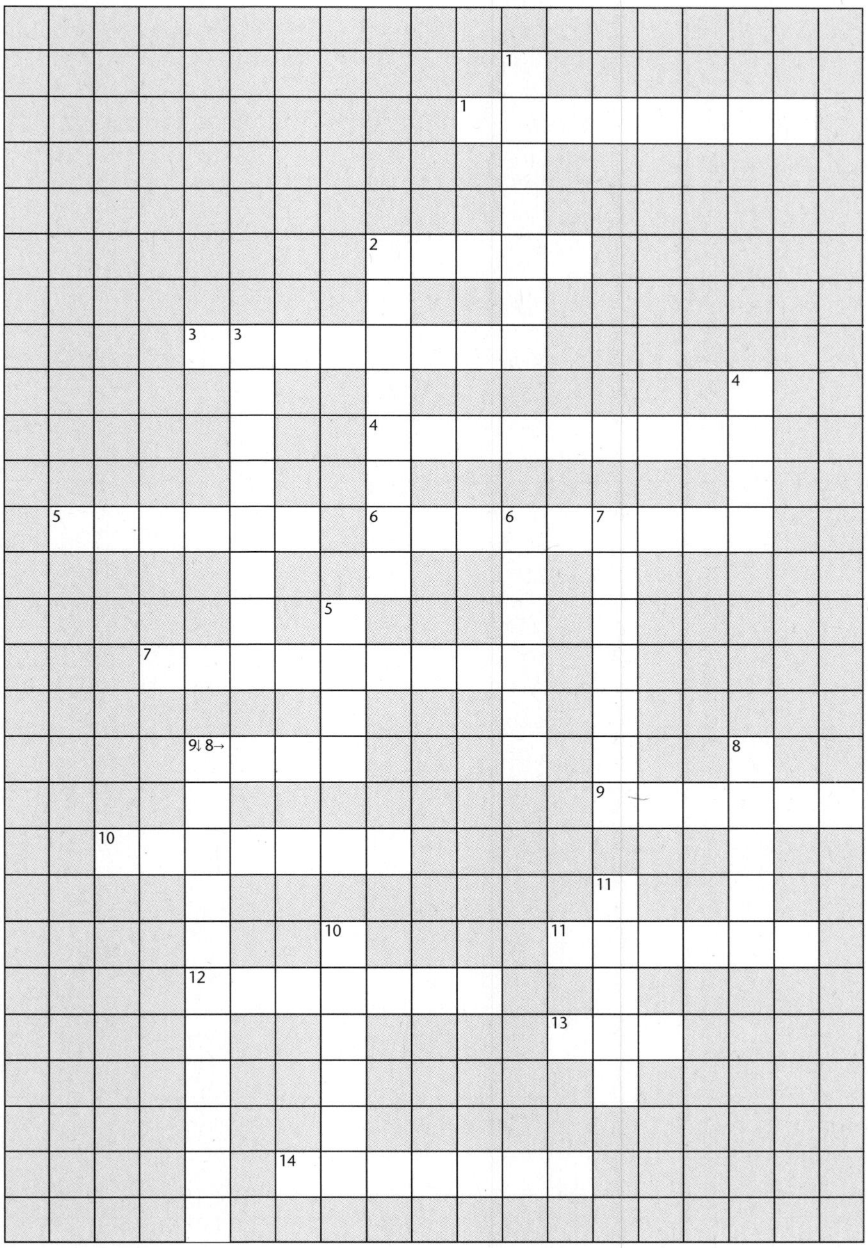

Nombre: Fecha:

Inglés o español todo te ayuda otra vez

Aunque no conozcas algunas palabras trata de encontrarlas, a veces funciona.
Para ayudarte hay una columna con posibles pistas que te pueden ayudar:
esp. e ingl. son las abreviaturas para otra palabra en español o inglés que puedes conocer.
Ojo: la pronunciación es muy diferente y ojo con la escritura: no hay ss / k / ff etc. en español.

palabra en alemán	pista	pista posible	traducción en español
halten für, betrachten als	ingl.	*consider*	*considerar*
sinnvoll, zweckmäßig	ingl.		
Inimität	ingl.		
unumgänglich, unerlässlich	ingl.		
Mitglied	ingl.		
unverständlich, unfassbar	ingl.		
Armut	esp.		
lächerlich	ingl.		
Wohlstand	ingl.		
verpflichten	ingl.		
Verdienst, hervorragende Leistung	ingl.		
Besitz	ingl.		
besitzen	ingl.		
willkürlich	ingl.		
Schluss, Schlussfolgerung	ingl.		
Fehler, Irrtum	ingl.		
intolerant, unduldsam	ingl.		
Schwierigkeit	ingl.		
vorziehen	esp./ingl.		
entschuldigen	ingl.		
interessant	ingl.		
Einfluss	ingl.		
berühmt, bekannt	ingl.		
angenehm	ingl.		
Gesellschaft	ingl.		
sich duzen	esp.		
Scheidung	ingl.		

Nombre: Fecha:

Sí-la-bas

Completa las casillas con la respuesta correcta. Cada casilla es una sílaba de las siguientes:

te · tar · ma · fan · ci · le · dín · co · me · fal · so · cue · e · ón · con · sig · gio · in · tis · es · jer · lu · nal · ón · fi · be · du · la · ca · de · e · jar · mo · mo · ni · cia · ci · car · ria · ci · fa · tas · a · cios

1. Cuando tienes que escribir algo, primero necesitas un ________________.
2. A las abuelas les gusta ________________ cuentos.
3. Si no estudias, haces muchas ________________.
4. Todos los días hay que ir al ________________.
5. Los poemas se tienen que aprender de ________________.
6. Un sinónimo de la número 4 es: ________________.
7. Cuando no sabes lo que puede ________________ una palabra, usas tu diccionario.
8. Al final de este libro está la ________________ a esta pregunta.
9. Este libro sólo tiene ________________ para vocabulario.
10. La ________________ es gratuita en Alemania, o sea que no hay que pagar.
11. En Latinoamérica muchos niños no van a la escuela por eso hay mucho ________________.
12. Los niños pequeños van al ________________.

1					
2					
3					
4					
5					
6					
7					
8					
9					
10					
11					
12					

(Rows 1–3: 2 boxes; rows 4–6: 3 boxes; rows 7–9: 4 boxes; row 10: 5 boxes; rows 11–12: 6 boxes.)

Nombre: Fecha:

Una carta

Aquí hay una carta que ha escrito un latinoamericano a un alemán de unos 17 años los dos. En ella cuenta algunas diferencias del colegio en su país. El amigo alemán ha traducido algunas palabras, que no entiende en español, ahora tú tienes que buscar las palabras originales de la carta.

Cali, 20 de junio de 2001

Querido Felix:

muchas gracias por tu carta. Perdona, no te he escrito antes porque en el colegio he tenido un *mündliche Abschlussprüfung* ______________ muy importante. Es la segunda vez que me presento. La primera vez es *schriftliche Abschlussprüfung* ______________ y si no puedes *bestehen* ______________ puedes presentarte una segunda vez pero a un *mündliche Abschlussprüfung* ______________. En mi primer *Prüfung* ______________ mi *Note* ______________ fue fatal. Tengo que *bestehen* ______________ estos *Prüfungen* ______________ porque así más o menos son los de *Zulassung* ______________ para la *Universität* ______________. ¿Tú que quieres *studieren* ______________?

Pero, bueno, si tú vas a venir a estar aquí seis meses tienes que ir al colegio y te voy a contar rápidamente unas cosas importantes para ti. Aquí los *Schüler* ______________ tienen que llevar *Schuluniform* ______________, que es muy feo pero es *obligatorisch* ______________. Las clases son de 8 de la mañana a 2:30 de la tarde. Y casi todos los días hay que hacer *Hausaufgaben* ______________. Tenemos las mismas *Fächer* ______________ que tú seguramente: *Biologie* ______________, *Mathematik* ______________, *Chemie* ______________, *Physik* ______________, *Geschichte* ______________ y lo mejor, *Turnen* ______________. También aprendemos *Sprachen* ______________ pero no muy bien. Tenemos *Englisch* ______________ y un poco de *Französisch* ______________. *Deutsch* ______________ no aprendemos nunca. Se aprende sólo en el Colegio Alemán. Las *Noten* ______________ creo que son muy diferentes porque aquí uno es lo peor y lo mejor es un cinco.

Bueno, yo creo que eso es lo más importante. Las otras cosas son igual que en Alemania, en el *Abitur* ______________ hay un *Direktor* ______________ o *Direktorin* ______________, una *Lehrerin* ______________ o un *Lehrer* ______________ para cada *Fach* ______________ …

Ah y claro tenemos dos *Pausen* ______________ uno largo de 45 minutos y uno de 30.

Ahora me despido porque mañana tengo una *Klassenarbeit* ______________ y tengo que mirar mis *Schulhefte* ______________ e ir a la *Bibliothek* ______________.

Hasta pronto, Mario

Nombre: Fecha:

Apuntes para un currículum vitae

Aquí tienes una parte de unos apuntes para un currículum vitae.
Pon en orden cronológico y lógico la información dada.

1. Matrícula en la Universidad : teología (5 semestres) y filología
2. BECA:
3. DATOS PERSONALES: faltan!
4. Bachillerato
5. LENGUAS :
6. Título : licenciado en filología
7. AFICIONES:
8. Lector durante el doctorado
9. ESTUDIOS REALIZADOS:
10. Prueba de Admisión Universitaria
11. Catedrático en la universidad (en estos momentos)
12. Escuela primaria
13. Asistí a clases de traducción (español-inglés/inglés-español) durante los 5 años de la carrera.
14. NO OLVIDAR : certificados
15. Estudios Universitarios terminados : filología - especialidad: inglés
16. Doctorado en filología
17. EXPERIENCIA LABORAL:
18. Estados Unidos un año antes de terminar la carrera
19. español, inglés, francés, alemán y latín
20. la arqueología, el fútbol y las lenguas
21. ENSEÑANZA:

→ *Datos personales: faltan*

→ ______________________

____

____

____

→ ______________________

____

____

____

____

Doctorado en filología

→ ______________________

____

→ ______________________

____

____

→ ______________________

____

→ *Aficiones:*

____

→ ______________________

Nombre: Fecha:

Seguir adelante

a) Aquí hay un vocabulario que también te puede servir para escribir un currículum vitae. Llena las columnas con el vocabulario que pertenezca a cada una.

colegio	*aprender de memoria*	*lector, a*	*solución*
oposiciones	*sencillo*	*difícil*	*universitario*
crédito	*evaluación*	*cátedra*	*catedrático*
bachillerato	*corregir*	*examinarse*	*científico*
obligatorio	*investigar*	*laboratorio*	*nota*
fórmula	*estadística*	*beca*	*aprobar*
doctorado	*escolar*	*escrito*	
oral	*licenciado,a*	*dictado*	
traducción	*carrera*	*fácil*	
	comedor universitario	*recreo*	

investigación

____
____
____
____
____

universidad

____
____
____
____
____
____
____
____
____
____

examen

____
____
____
____
____
____
____
____
____
____
____
____
____
____
____

escuela

____
____
____
____
____

b) Escribe el sustantivo de los siguientes verbos.

doctorarse: _______________
enseñar: _______________
apuntar: _______________
estudiar: _______________
matricularse: _______________
investigar: _______________
traducir: _______________
examinarse: _______________

Nombre: **Fecha:**

Cada cosa en su lugar

a) Mira los dibujos y de unas herramientas para reparar cosas (bricolar) o para trabajar en el jardín y escribe como se llaman.

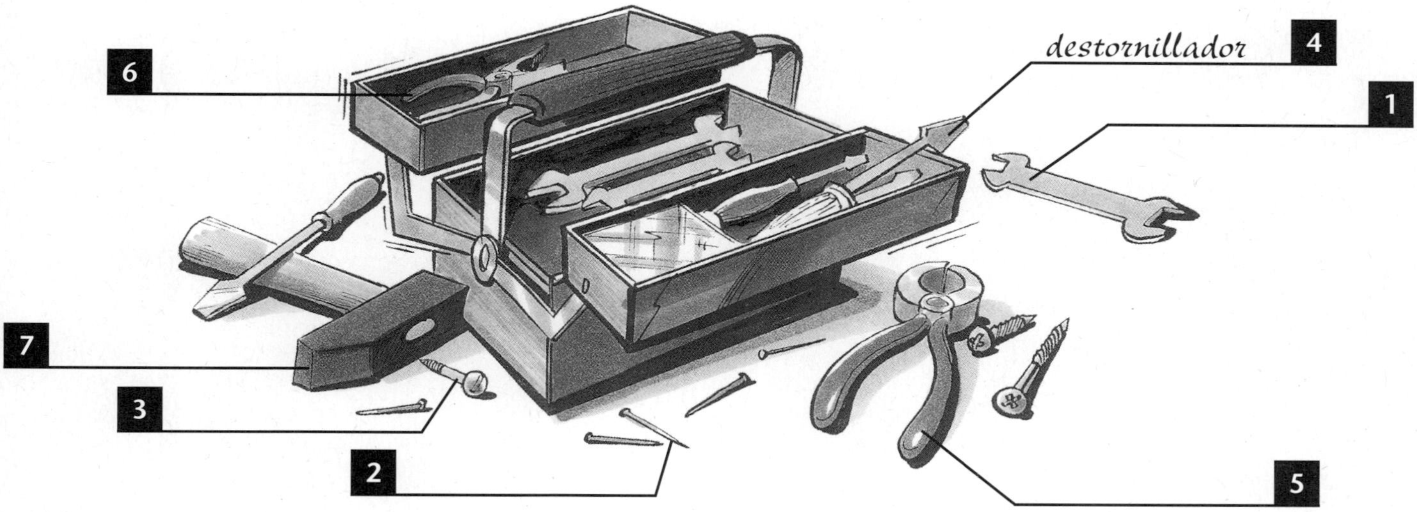

b) Relaciona las palabras de la izquierda con las de la derecha y después explica su relación.

1. máquina de escribir	a) tinta
2. pluma	b) boli
3. bloc	c) celo
4. bolígrafo	d) fotocopia
5. papelería	e) hoja de papel
6. cinta adhesiva	f) papel
7. fotocopiadora	g) computadora
8. ordenador	h) margarita

relación:

2a: 2 necesita a

Nombre: Fecha:

Profesionaliza tus profesiones

a) Mira los dibujos y escribe la profesión correspondiente. ¿Qué notas en las terminaciones?

profesión **profesión**

1.  → ______________________
2.  → ______________________
3.  → ______________________
4.  → ______________________
5.  → ______________________
6. 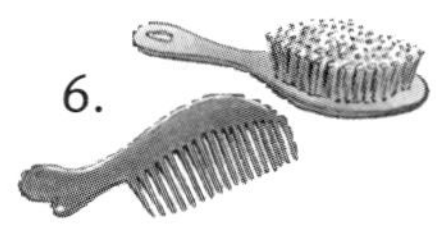 → ______________________

b) Aunque no conoces unas profesiones puedes adivinarlas. (Las sílabas te ayudan.)

1. El/la que cuida a los enfermos es un/a ______________
2. El/la que vende o hace joyas es un/a ______________
3. El/la que hace relojes es un/a ______________

re me en lo fer ro/ra je jo ro/ra ro/ra ye

c) Pero no todas las profesiones funcionan así. Aquí tienes otras tres terminaciones para profesiones, escribe unos ejemplos en las rayas.

-ista ______________ ______________

-ario,a ______________ ______________

-ico,a ______________ ______________

d) Escribe los verbos para los siguientes adjetivos o sustantivos.

adjetivo/sustantivo	verbo
1. especializado,a	
2. trabajo	
3. despido	
4. aprendiz	
5. conocimiento	

Nombre: **Fecha:**

O vocales o consonantes

Contesta a las preguntas. Ojo: unas veces aparecen sólo las vocales y otras sólo las consonantes.

1. Orden o tiempo en el que una persona tiene que hacer algo, por ejemplo trabajar: ___ u ___ ___ o
2. Conocimientos de algo en especial, por ejemplo el: c ___ m p ___ de la medicina.
3. Adjetivo que significa que se puede trabajar: ___ a ___ o ___ a ___ ___ e
4. Un objeto que se enciende cuando está oscuro y estamos en el bosque: l ___ n t ___ r n ___
5. Cuando queremos que dos cosas estén siempre unidas una a otra, le ponemos: ___ o ___ a
6. Un libro que tenemos para apuntar todo lo que tenemos que hacer: ___ g ___ n d ___
7. Un médico que le ayuda a los animales: ___ e ___ e ___ i ___ a ___ i o
8. Una persona que traduce de forma oral y directamente: ___ n t ___ r p r ___ t ___
9. Como un cuchillo que llevas muchas veces contigo y que usas especialmente cuando no estás en casa: ___ a ___ a ___ a
10. Un objeto que sirve para dibujar muy bien un círculo: c ___ m p ___ s
11. Quieres saber cuánto es 35652 X 8736654, entonces necesitas una: ___ a ___ ___ u ___ a ___ o ___ a
12. Lugar dónde venden tornillos y clavos: f ___ r r ___ t ___ r ___ ___
13. Si quieres comer pescado y estás en una isla sin restaurantes, tienes que hacer una: ___ e ___
14. Un objeto que puede poner miles de veces lo mismo sin cansarse, lo único que necesitas es un tampón: s ___ l l ___
15. Si haces muchas faltas y has escrito todo a lápiz puedes: ___ o ___ ___ a ___
16. Una persona que limpia zapatos, botas etc.: l ___ m p ___ ___ b ___ t ___ s
17. Lo que recibe una persona que no tiene trabajo fijo y que le pagan cada vez que va a trabajar: ___ o ___ ___ a ___
18. Forma de pago o de ayuda que reciben los parados durante algún tiempo determinado: s ___ b s ___ d ___ ___ d ___ p ___ r ___
19. Persona que trabaja sólo durante una estación del año: t ___ m p ___ r ___ r ___
20. Algo que es organizado por el sindicato: ___ u e ___ ___ a
21. Sitio donde el trabajo es muy monótono: c ___ n t ___ c ___ n t ___ n ___ ___

Nombre: Fecha:

¡Primero la diversión!

a) Aquí tienes una lista de sustantivos. ¿A cuál grupo pertenecen? Busca un verbo para cada sustantivo. En la columna derecha hay otros verbos que ya conoces, complétalos. Ojo: un sustantivo puede pertenecer a diferentes grupos.

baile · salto de altura · juego de cartas · natación · ~~muñecas~~

fotografía · fútbol · colección · tenis · deporte · futin

1. Aficiones que puedes hacer en casa solo

sustantivo	verbos	Otros verbos que conoces
muñecas	______	e __ __ __ __ __ __ __ __ __ __ e
______	______	
______	______	

2. Aficiones que puedes hacer con amigos dentro y fuera de casa

sustantivo	verbos	Otros verbos que conoces
______	______	s __ __ __ r
______	______	p __ __ __ __ r
______	______	
______	______	

3. Aficiones que son buenas para tu cuerpo

sustantivo	verbos	Otros verbos que conoces
______	______	l __ __ z __ r
______	______	b __ x __ __ r
______	______	e __ q __ __ __ r
______	______	r __ __ __ r
______	______	
______	______	
______	______	

b) ¿Cómo se llama lo que necesitamos y para qué lo necesitamos?

1. dos jugadores → b)
2. la cámara
3. la discoteca
4. la pelota
5. la piscina
6. la raqueta
7. los guantes
8. el balón

a) bailar
b) jugar al tenis
c) jugar a la pelota
d) sacar fotos
e) jugar al tenis
f) boxear
g) jugar al fútbol
h) nadar

Nombre: ______ Fecha: ______

¡España en fiesta!

Éste es un artículo sobre los españoles y sus diversiones. Pon las letras en orden para cada respuesta y al final llena el calendario con las fiestas de España.

En España se trabaja mucho pero también hay mucha diversión. Los jóvenes españoles salen tarde en la noche. Van a ver una ________________ (izape) o un ________________ (cáuetspleco) en el teatro o ven una ________________ (capuleíl) en el cine. Pero para ir al cine hay que estar a tiempo porque para las buenas ________________ (capulesíl) en la ________________ (qlatilua) siempre hay ________________ (calo). Claro, también van a fiestas de ________________ (saplucemoñ) en casa de sus amigos. Pero lo mejor de España son las fiestas ________________ (ratanidicloes) como las del día del ________________ (traPono) o de la ________________ (traPona) de la ciudad o del pueblo. Algunas fiestas conocidas son las ________________ (Flaals) de Valencia del día de San José que es el 19 de marzo, y el día de San Juan que se ________________ (labrece) el 24 de junio y la de ________________ (SenFímarn) que se llama popularmente Los Sanfermines y que son toda la primera semana de julio. En estas fiestas casi siempre hay ________________ (datrirsocoredos) con toros bravos o ________________ (vadoslanil) con toros más pequeños. Claro que hay otras fiestas como en otros países la ________________ (Nidavad) por ejemplo. Pero los niños españoles reciben los regalos el día de los ________________ (MeyasRegos) y el 24 de diciembre por la noche o sea la ________________ (Nahecunebo) sólo reciben algo muy pequeño. Otra ________________ (cumstebro) muy interesante son las doce uvas que se comen a las 12 de la noche de la ________________ (Necohajive). Una ________________ (rtanidicó) por la que muchos turistas vienen a España son las ________________ (rospenesico) en Semana Santa.

¡Vengan a España y diviértanse con nosotros en sus vacaciones!

Calendario de fiestas españolas:

enero	julio
febrero	agosto
marzo	septiembre
abril	octubre
mayo	noviembre
junio	diciembre

Nombre: **Fecha:**

El que busca encuentra

Éste es un dibujo de una ciudad. ¿A ver dónde encuentras las siguientes cosas y personas?
En parejas: Uno le describe al otro dónde hay qué y el otro, que tiene un papel dividido como en el ejercicio, tiene que tratar de dibujar lo que le dicen.
Individual: Describe cada cuadro con una frase como por ejemplo:
En el cuadro 4A hay una/está la payasa.

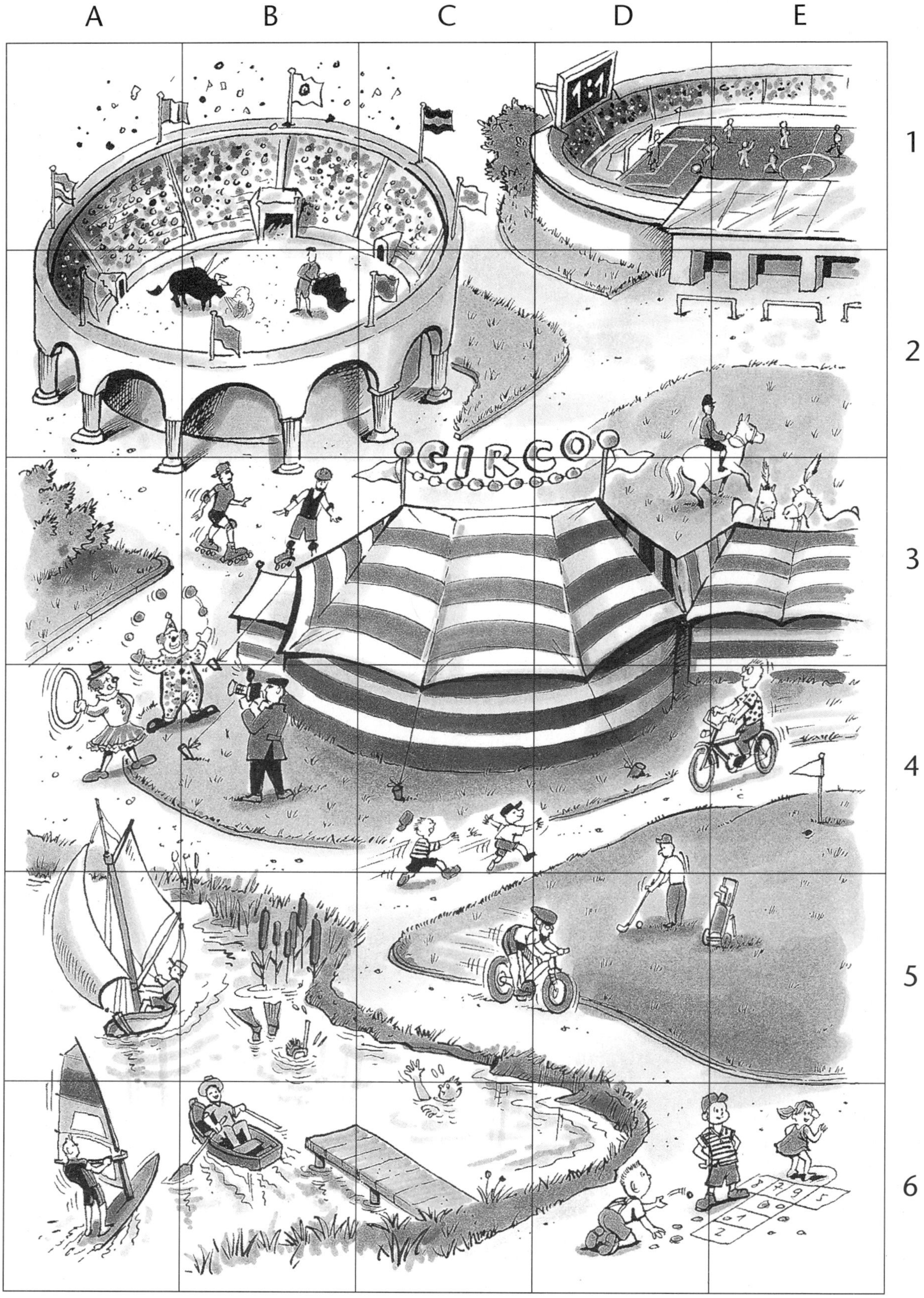

Nombre: Fecha:

El que no sabe es como el que no ve

Descubre algunos secretos para pasar unas vacaciones felices el próximo verano.

a) Lo que tienes que traer cuando vuelves de tu viaje:

~~1~~ 2 ~~3~~ ~~4~~ ~~5~~ 6 7 ~~8~~ ~~9~~

~~1~~ ~~2~~ 3 ~~4~~ ~~5~~ ~~6~~ ~~7~~ 8 + R D O

b) Lo que tienes que reservar antes de salir de viaje:

~~1~~ ~~2~~ ~~3~~ 4 5 = O

~~1~~ 2 = 5 3 = 4 4 = 3 ~~5~~ ~~6~~

c) Ahora que tú no estás en tu país o en tu ciudad eres un:

1 ~~2~~ 3 ~~4~~ ~~5~~ ~~6~~ 7 8

~~1~~ ~~2~~ 3 4 = 8 5 = 9 6 = 7 7 = 6 ~~8~~ ~~9~~

d) De vuelta a tu país tienes que declarar algunas cosas en la:

~~1~~ ~~2~~ ~~3~~ ~~4~~ 5 6 ~~7~~

1 = U 2 ~~3~~ ~~4~~ 5 = N 6

Nombre: **Fecha:**

¿Quién habla con quién?

Relaciona las parejas que están hablando.

Está todo ocupado, señor, lo siento …

Deletréeme su apellido, por favor.

Claro que sí. Tenemos media pensión y pensión completa.

Como zapato pero con a al final: z-a-p-a-t-a.

Quisiéramos desayunar y cenar en el hotel. ¿Es posible?

Tenemos una pensión situada cerca del alcázar y un hostal en el centro, pero los hoteles están completos.

Sí, claro que hemos reservado, para una semana.

¿Y dónde está situado?

Necesitamos dos habitaciones dobles y una individual para el 30 de este mes. Si es posible en el centro.

¿Ustedes tienen reserva?

En el centro cerca de la catedral y el palacio.

Entonces, podría decirme si hay otro hotel recomendable …

Nombre: **Fecha:**

¡Qué locura!

a) En la oficina de turismo se han hecho un lío y han puesto mal la información de este prospecto. ¿Cuántos y cuáles errores encuentras? Subráyalos y ponlos con una flecha en el lugar correcto.

Agroturismo en el Pirineos

Un alojamiento confortable para una estancia tranquila en el campo.

Para disfrutar de un panorama con museos, catedrales y visitantes.

Confort: 2 ascensores.

Precio:
temporada alta:100 Euros
temporada baja: 80 Euros

Albergue juvenil

Alojamiento para jóvenes, situado al lado del Alcázar.

Es necesario reservar dos semanas antes.

Precio:
Temporada alta: 200 Euros
Temporada baja: 170 Euros

Camping Altamira

Abierto de mayo a octubre.

Confort: Mozo recepcionista 24 horas al día.

Precio: 50 Euros
coche o caravana incluidos.

Hotel Rosa Roja

**** estrellas

Un hotel en el centro de Madrid.

200 habitaciones : 150 dobles y 50 individuales

Precio : 15 Euros

Huéspedes con tienda de campaña o caravana bienvenidos.

b) Marca el artículo y su traducción en alemán. Si tienes dos artículos, pon las dos traducciones.

artículo		palabra	traducción	artículo		palabra	traducción
el	la	camping		el	la	ruta	
el	la	guía		el	la	fuente	
el	la	turista		el	la	estanque	
el	la	panorama		el	la	autostop	
el	la	mapa		el	la	catedral	
el	la	aventura		el	la	confort	

c) Las siguientes lenguas tienen el mismo origen, y muchas palabras son muy parecidas. Trata de encontrar la palabra española y después tradúcela al alemán.

latín	vacatio	visitare	annullare	contemplare	stella	hospes	fons	castellum
francés	vacances	visiter	annuler	contempler	étoile	hôte	fontaine	château
italiano	vacanze	visitare	annullare	contemplare	stella	ospite	fonte	castello
español								
alemán								

Nombre: Fecha:

El arte de aprender vocabulario

a) Cambia una letra de la palabra anterior o aumenta una o dos letras para formar otra nueva palabra. Si lo haces en parejas gana un punto el que primero encuentre cada palabra.

1						
2						
3						
4						

1. Poner color a algo o representar un objeto en papel.
2. El hombre que pone color a algo o representa un objeto en papel.
3. La mujer que pone color a algo o representa un objeto en papel.
4. Color preparado para representar un objeto en papel.

5. Que pertenece al modo de vida, las costumbres, etc. de un grupo social en una época (adjetivo).
6. Modo de vida, costumbres, etc. de un grupo social en una época.
7. Arte de hacer figuras con diferentes materiales.
8. La mujer que hace figuras con materiales como la madera.
9. El hombre que hace figuras con materiales como la madera.

5								
6								
7								
8								
9								

10							
11							
12							
13							

10. Algo que se pone en un casete para escuchar música.
11. Tercera persona singular de un verbo que significa hablar pero con tonos melodiosos.
12. Tercera persona plural del mismo verbo del número dos.
13. Persona, hombre o mujer, que hace este verbo como profesión.

b) ¿Qué palabras del mismo grupo te vienen a la memoria para completar las tablas? Primero, tienes cinco minutos para mirar el capítulo 12. Después, cierra el libro y piensa. Si lo haces en pareja, gana el que primero tenga todas las palabras o más palabras después de determinado tiempo. Si lo haces solo, tienes ocho minutos para llenar los espacios que más puedas. Se recibe un punto por fila completa.

galería	**magnetófono**	**concierto**	**literatura**	**P**
a _ _ _	c _ _ _ _ _ _ d _ _ _	b _ _ _ _	a _ _ _ _	
a _ _ _ _ _ _	c _ _ _ _ _	c _ _ _ _ _ _	c _ _ _ _ _ _	
c _ _ _ _ _ _	c _ _ _ _	c _ _ _ _ _ _ _	c _ _ _ _ _ _ _	
d _ _ _ _ _ _	g _ _ _ _ _	c _ _ _ _ _	c _ _ _ _ _ _	
e _ _ _ _ _ _	g _ _ _ _ _ _ _ _	g _ _ _ _ _ _ _	c _ _ _ _ _	
e _ _ _ _ _ _ _ _ _	t _ _ _ _ _ _ _ _ _	i _ _ _ _ _ _ _ _ _	e _ _ _ _ _ _ _	
e _ _ _ _ _ _ _		m _ _ _ _ _	e _ _ _ _ _ _ _	
p _ _ _ _ _		m _ _ _ _ _	f _ _ _ _	
p _ _ _ _ _		p _ _ _ _	p _ _ _ _	
		t _ _ _ _	t _ _ _ _ _ _ _	

Nombre: Fecha:

¿Sabes cuánto sabes?

En pareja: Aquí tienes preguntas para dos jugadores. A le pregunta a B y B a A.
Cada respuesta correcta es un punto. Sólo hay respuestas de falso (F) o verdadero (V).
Si respondes con falso tendrás que justificar tu respuesta.

Individual: Si lo haces solo, responde a las preguntas pero no mires las respuestas.
Al final puedes controlarte tú mismo.

Jugador A

1. Si no tienes dinero y quieres un cuadro famoso, tienes que comprar una reproducción. — V
2. Si te dibujas tú a ti mismo, tienes un retrato. — F (autoretrato)
3. Los musulmanes en territorio árabe crearon el arte mudéjar. — F (en territorio cristiano)
4. Las personas que bailan ballet se llaman bailarines. — V
5. Tres instrumentos musicales son: la guitarra, el órgano y la gira. — F (gira : Tournee)
6. Si quieres grabar algo necesitas una cinta virgen. — V
7. La jota es un baile latinoamericano. — F (español)
8. Un párrafo es una parte de un capítulo. — V
9. Para hacer un diálogo se necesitan por lo menos dos personas. — V
10. El casete es lo mismo que la casete. — F (Kassette vs. Kassettenrekorder)
11. Un escultor hace esculturas y estatuas. — V
12. El singular de tocadiscos es tocadiscos. — V
13. En la ópera, la opereta, la zarzuela y el musical cantan. — V
14. El protagonista de una obra es un personaje. — V
15. El argumento es el tema de una obra. — V
16. Pintada es un sinónimo de cartel. — F (pintada en paredes vs. cartel en papel)
17. Una persona que está enamorada es un romancero. — F (romancero: género literario de tradición popular)

Jugador B

1. Una tragedia es para reírse. — F (la comedia)
2. El patrimonio de una ciudad es lo más rico e importante de una ciudad en arte, literatura, música, etc. — V
3. Una persona célebre es una persona que tiene cumpleaños. — F (persona famosa)
4. La introducción va al final de un libro. — F (va al comienzo)
5. Una estrofa es una parte de un verso. — V
6. El rape y el bacalao son ritmos. — F (pescados; la música: rap y bakalao)
7. La persona que baila flamenco es un bailador o bailadora. — F (bailaor/a)
8. El tango y la salsa son típicos de España. — F (de Latinoamérica)
9. El acto es una parte de una escena. — F (al contrario)
10. Si tú escribes algo que ha dicho o escrito una persona ya, tienes que poner una cita. — V
11. El femenino de «el poeta» es «la poeta». — F (poetisa)
12. El masculino de «novelista» es «novelista». — V
13. A los niños les gusta que les cuenten cuentos. — V
14. Lo que se escribe en un periódico sobre una obra de teatro es una composición. — F (crítica)
15. Popular es lo mismo que moderno. — F (Volks- vs. modern)
16. El autor de una obra de teatro es lo mismo que el dramaturgo. — V
17. Un conjunto es lo mismo que una orquesta. — F (Gruppe vs. Orchester / Kapelle)

Nombre: **Fecha:**

Crucitraducción y otras cositas

a) Traduce las siguientes palabras y escríbelas en el sitio adecuado del crucigrama.

Horizontales:

1. Entdeckung
2. Geschichte
3. Kirche
4. Pastor
5. Imperium; (Kaiser-)Reich
6. Seele
7. glauben
8. Epoche; Zeit(abschnitt)
9. Messe
10. Teufel

Verticales:

1. Jude
2. heilig; Sankt
3. Christ
4. Pfarrer, Geistlicher
5. Königin
6. Maurin
7. atheistisch
8. sündigen
9. iberisch
10. Adlige(r)

b) Relaciona las épocas con sus nombres y actores.

1. Época en la que se construyen muchos castillos en España.	a) el descubrimiento	I. Hernán Cortés, Cristóbal Colón, Reina Isabel I
2. Época entre 711 y 1492 cuando en España mueren muchos moros.	b) la conquista	II. curas, cristianos, árabes
3. En 1492 en América.	c) la Edad Media	III. Miguel de Cervantes
4. La época más importante de la literatura española.	d) la Reconquista	IV. españoles, franceses, portugueses
5. Después de 1492 en América.	e) el Siglo de Oro	V. el rey, la reina, los nobles

Nombre: Fecha:

A conquistar el vocabulario

a) Escribe el masculino o el femenino de las palabras de la tabla.

femenino	masculino	traducción
	emperador	
reina		
	noble	
mora		
budista		
musulmana		
	conde	
	marqués	
	apóstol	
	judío	
	cura	
	sacerdote	
	santo	
cristiana		
	duque	
	historiador	
	esclavo	
	obispo	
	monje	
creyente		
	dios	

b) Solo: Describe las palabras subrayadas sin utilizar las que están debajo de ellas.

En pareja/en grupo : Igual que arriba. Si juegas en grupo, se necesitan al menos 2 parejas para jugar. Una para explicar y la otra tiene que adivinar. Si la pareja consigue adivinar la palabra gana un punto, si no lo ganará la otra pareja. Si juegas en pareja, uno explica y el otro tiene que adivinar la palabra. (En ambos casos se pueden recortar las tablitas y repartir secretamente.)

diablo
infierno
ángel
malo

rezar
misa
iglesia
oración

apóstol
discípulo
Jesús
doce

religión
creer
Dios
religioso

limosna
dinero
misa
pobre

carabela
descubridor
América
tres

creación
libro
evangelio
testamento

reino
reinar
rey
reina

Nombre: Fecha:

El que sabe, sabe y el que no que aprenda

a) Llena los espacios en blanco con las respuestas de la casilla de abajo.

1. Desde 1978 España es ______________________.
2. La Constitución garantiza ______________________.
3. Los diputados se encuentran para discutir en ______________________.
4. Fidel Castro es ______________________.
5. Todos los países hispanohablantes menos Cuba viven ______________________.
6. En Alemania, el 3 de octubre de 1990 fue ______________________.
7. Las campañas electorales se hacen para ganar ______________________.
8. Juan Carlos es un rey ______________________.
9. Emiliano Zapata y Pancho Villa fueron ______________________.
10. En España __________ son instituciones que administran las provincias.
11. De 1936 a 1939 hubo, en España, ______________________.

un dictador	el Parlamento	la igualdad de derechos
una democracia	la reunificación	una monarquía parlamentaria
revolucionarios mexicanos	constitucional	la mayoría de votos en las elecciones
las Diputaciones	una Guerra Civil	

b) Relaciona los antónimos de las columnas.

1. mayoría	a) pacífico
2. culpable	b) seguridad
3. violento	c) derecha
4. izquierda	d) minoría
5. peligro	e) candidato
6. justo	f) injusto
7. votante	g) inocente

c) Ordena los verbos de la casilla de la derecha según el sentido.

1. Los abogados ______________ a sus clientes.
2. Los jueces ______________ a los acusados.
3. Muchas personas ______________ sólo por sospecha.
4. Los policías ______________ a los atracadores.
5. Los presos ______________ de la cárcel.
6. Los Defensores del Pueblo ______________ contra la corrupción.
7. Los culpables ______________ el asesinato.
8. Los tribunales ______________ a los asesinos.

confesaron
se escaparon
luchan
acusan
condenan
defienden
detuvieron
juzgan

Nombre: Fecha:

España en el mundo

a) Aquí tienes un texto sobre algunas generalidades de España. Complétalo según el sentido.

España es un país que está dividido en 17 ____________ ____________. Éstas están divididas en ____________. Cataluña, al noreste, por ejemplo, es una ____________ que tiene cuatro ____________: Barcelona, Tarrogona, Gerona y Lérida.También hay Comunidades que tienen una sola provincia como por ejemplo ____________, la capital. La ____________ ____________ se consiguió con los Reyes Católicos y con la Constitución en 1978.

España tiene cuatro lenguas oficiales: el ____________ o castellano, el ____________, el ____________ y el ____________ o euskera.

Internacionalmente hablando, España forma parte de las instituciones internacionales más importantes como son las ____________ ____________ (ONU), la ____________ ____________ (UE) y otras.

Finalmente, no hay que olvidar que, por razones históricas, lingüísticas y culturales, España fue y ha sido un puente entre los países en vías de ____________, que eran sus antiguas colonias, y los países desarrollados de Europa.

b) Identifica en el mapa las comunidades de España buscadas.
En cada una está dada la primera letra y todas las –s–.

1. P __ __ s V __ s __ __
2. C __ __ __ __ __ __ __ __ __
3. C __ __ __ __ __ __ __ __
4. A s __ __ __ __ __ s
5. G __ __ __ __ __ __
6. M __ __ __ __ __
7. C __ s __ __ __ __ __-L __ __ __
8. M __ __ __ __ __
9. A __ __ __ __ __ __ __ __ __
10. R __ __ __ __
11. E __ __ __ __ __ __ __ __ __ __
12. N __ __ __ __ __ __
13. C __ __ __ __ __ __ s
14. A __ __ __ __ __

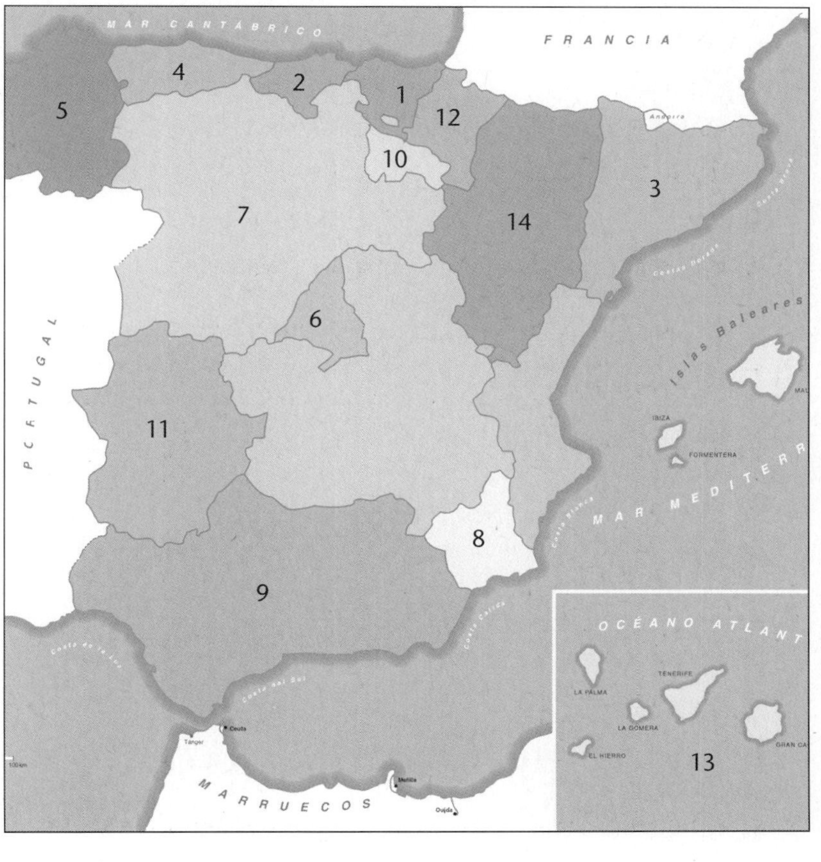

Nombre: Fecha:

Cada palabra en su lugar y un lugar para cada palabra

Pon las definiciones en el orden correcto y busca la palabra que cada una describe.

desarme, paz, defender, enemigo, arma, ejército, huir, marina, patria, víctima, destruir, soldado, aviación, victoria, superviviente

1. personas – cuando – o – dos – guerra – dos – están – países – no – en

2. persona – mal – que – le – hace – otro – a – la

3. la – grupo – guerra – para – los – militar – utiliza – aviones – que

4. o – para – un – instrumento – o – máquina – una – atacar – defenderse

5. persona – algún – que – sobrevive – accidente – la

6. quiere – por – luchar – algo – se – cree – o – se – que

7. no – prisa – para – de – irse – sufrir – ningún – mal

8. la – que – persona – por – sufre – o – causas – externas – internas.

9. los – que – guerra – una – ganan – que – ganan – lo

10. de – gente – un – grupo – por – que – lucha – armas – con – un – país

11. persona – una – ciudad – el – o – pueblo – el – país – ha – donde – nacido – la

12. militar – título – un – sin

13. que – cosa – más – no – funcione – hacer – una

14. conjunto – de – la – una – de – barcos – Nación – que – para – sirven – guerra

15. armas – o – quitar – las – a – un – persona – una – a – ejército

Nombre: **Fecha:**

No aprendas mañana lo que puedes aprender hoy

a) ¿Cómo se llaman las personas que viven, que trabajan, que se dedican a estas cosas o que piensan de esta manera?

guerrilla guerrillero,a	dictadura
Extremadura	ejército
fascismo	terror
política	La Mancha
votación	revolución
embajada	manifestación
patria	progresivo
comunismo	Asturias
consulado	democracia
agresión	Senado
policía	comisaría

b) Pon en orden estas palabras. Haz grupos de tres palabras que pertenecen al mismo tema.

fusil disparar pistola papeleta de voto permitir
tortura vigilancia metralleta represión favorito héroe
estallar fiscal espía
campaña electoral explotar castigo juicio observar
líder autorizar
caudillo legalizar hacienda burocracia destrucción sentencia

Nombre: **Fecha:**

Quien no siembra, no cosecha

a) Completa la red de vocabulario. Las palabras que van seguidas de forma vertical son de la misma familia.

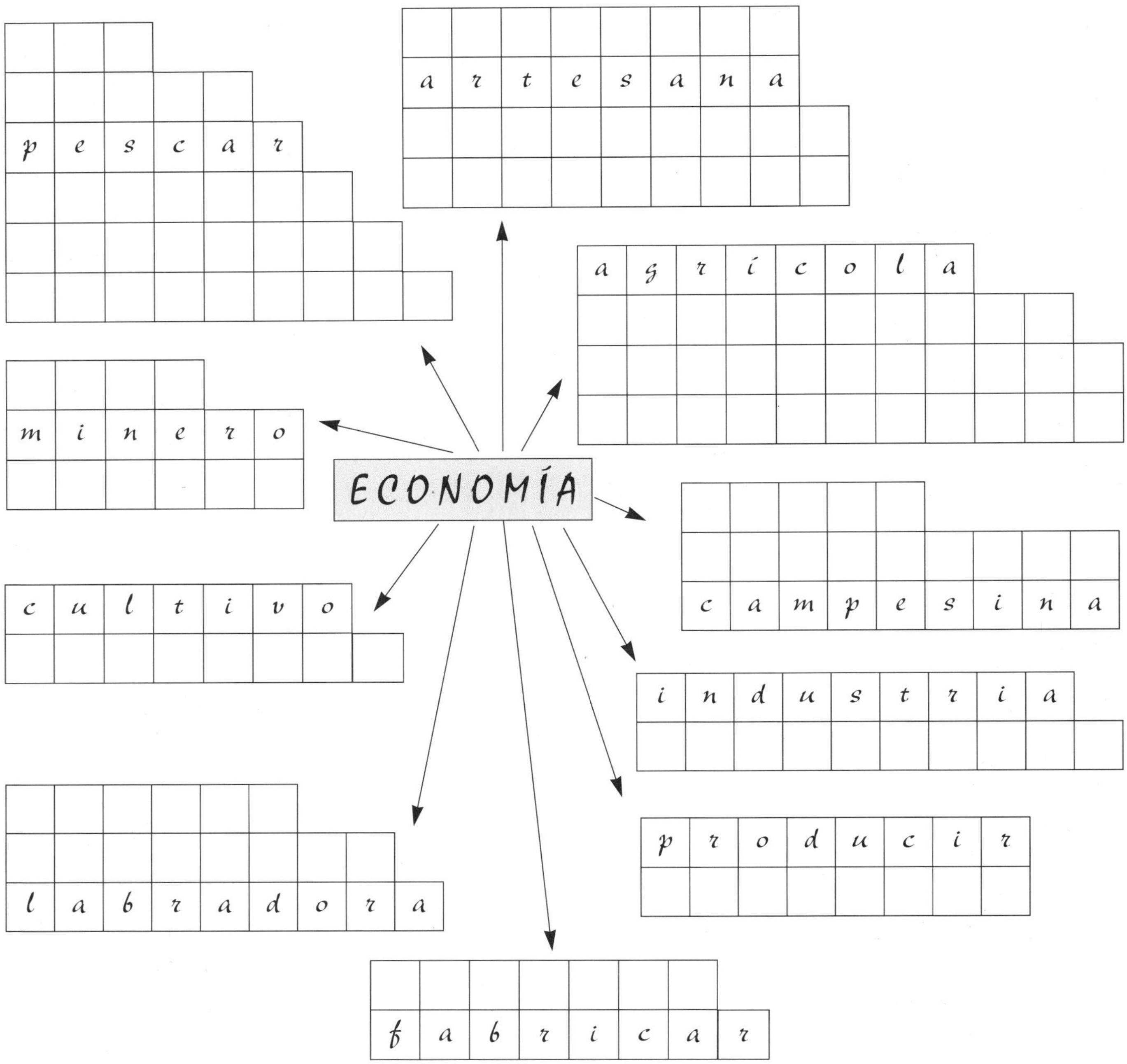

b) *Completa las frases. Ojo: mira no sólo el sentido pero también la gramática.*

1. En esta fábrica la maquinaria se produce en ______________.
   a. serie
   b. cooperativa
   c. energía

2. Tienes que tener cuidado porque en esta zona hay muchos cables de alta ______________.
   a. energía
   b. eléctrica
   c. tensión

3. Tengo que ir al ______________ porque mi coche se ha ______________.
   a. fábrica
   b. taller
   c. eléctrico
   d. arreglado
   e. sustituido
   f. estropeado

4. El arroz ______________ también en España, principalmente en Murcia y Valencia.
   a. se desarrolla
   b. se cultiva
   c. se cría

Nombre: Fecha:

¡A trabajar!

Aquí tienes una explicación muy general sobre la organización de una empresa.
A la derecha tienes los significados de los cuadros. Busca cuál significado pertenece a cuál cuadro.
Ojo: No todos los cuadros necesitan una explicación.

1. empresas nacionales
2. empresas multinacionales
3. empresas públicas

Muchas empresas están organizadas de la siguiente manera:

4. el presidente de la empresa
5. la dirección general
6. Departamento de producción
7. Departamento comercial / de Marketing
8. Departamento de compras
9. Departamento de ventas
10. Departamento de personal
11. Departamento de importación
12. Departamento de exportación

a) Está encargada de dirigir los diferentes departamentos.

b) Investiga lo que necesitan las personas que consumen con el objetivo de que la marca se compre y se venda.

c) Están en un solo país.

d) Hace los pedidos para suministrar los productos que se necesitan en la empresa.

e) Estudia cuánta mercancía se puede producir en la empresa y cuánta puede ser vendida. Pero su tarea principal es la venta al cliente.

f) Son empresas del sector de servicios.

g) Se encarga de importar lo que la empresa necesita para la producción.

h) Está encargado de fabricar los productos y controlar su calidad.

i) Se encarga de los contratos y los salarios de los trabajadores de la empresa.

j) Estudia las condiciones para exportar sus productos a otros países.

k) Están en varios países.

13. sector terciario
14. sector secundario o industrial
15. sector primario

Nombre: **Fecha:**

Cada loco con su tema

a) Cada una de las frases tiene un tema y una de las respuestas no corresponde al tema, márcala.

Qué es lo que no necesitas...

1. para llamar desde una cabina de teléfono.
   a) monedas
   b) suelto
   c) resto

2. para pagar una deuda totalmente.
   a) talón
   b) a plazos
   c) dinero

3. para comprar lo que necesitas con menos dinero de lo que normalmente cuesta.
   a) descuento
   b) rebaja
   c) tarjeta de crédito

4. para comprar sin tener dinero en el momento.
   a) crédito
   b) prestar
   c) cambio

5. para no gastar todo el dinero que ganas.
   a) caja de ahorros
   b) caja fuerte
   c) en efectivo

6. para ir de vacaciones a España desde enero de 2002.
   a) billete
   b) duro
   c) moneda

7. para tener problemas de dinero.
   a) deudas
   b) beneficios
   c) gastos

8. para viajar en los países de la Unión Europea desde enero de 2002.
   a) cambiar
   b) en efectivo
   c) tarjetas de crédito

b) Completa el diálogo con la preposición adecuada.

Antonio: Hola Juan. ¿Qué tal?

Juan: Hola Antonio. A ver, tienes una nueva bicicleta. ¿Cuánto has pagado 1. ________ tu bici?

Antonio: He pagado mucho dinero, pero yo había ahorrado en Alemania todo un año 2. ________ comprarme esta bici y mi padre me prestó algo.

Juan: ¿Has pagado 3. ________ efectivo?

Antonio: Sí, pero antes he tenido que ir al banco aquí en España para cambiar los marcos 4. ________ pesetas.

Juan: ¿Y cómo ha pagado tu padre el resto?

Antonio: Él ha ido al banco y ha retirado lo que necesitaba 5. ________ su cuenta corriente.

Juan: ¿Por qué no la has pagado 6. ________ contado y no 7. ________ plazos?

Antonio: Porque no me gustan las deudas.

Nombre: Fecha:

Las palabras no cuestan

a) Ésta es la pirámide de la sabiduría. Llena las casillas con las letras adecuadas.

1. ¿Te gusta la economía?
2. La moneda más frecuente de los países hispanohablantes.
3. Lugar donde viven los pollos.
4. Muchos bancos tienen varias de éstas en una misma ciudad pero sólo una principal.
5. El arte de trabajar el oro.
6. Lo que lleva el contable en una empresa.
7. Es la mujer que hace las declaraciones de renta de otras personas.
8. Librito donde dice cuanto dinero has ingresado en una cuenta especial para no gastarlo tan rápido.
9. Librito donde están todos los cheques nuevos/en blanco/sin usar.
10. Lo que significa PVP.
11. La traducción de "Aktiengesellschaft" en español.
12. Los países del tercer mundo no son países industrializados pero están por... .
13. El nombre de la divisa en Alemania hasta el 2002.
14. Una persona que se ha comprado cierta parte de una empresa.
15. Lo que hay que hacer cuando quieres cerrar una cuenta que ya tienes en un banco.
16. Los planos de una casa no se pueden hacer con las medidas reales, pero se hacen de otra forma.
17. Siembra de uvas para producir vino.
18. La abreviatura de la moneda alemana hasta el 2002.

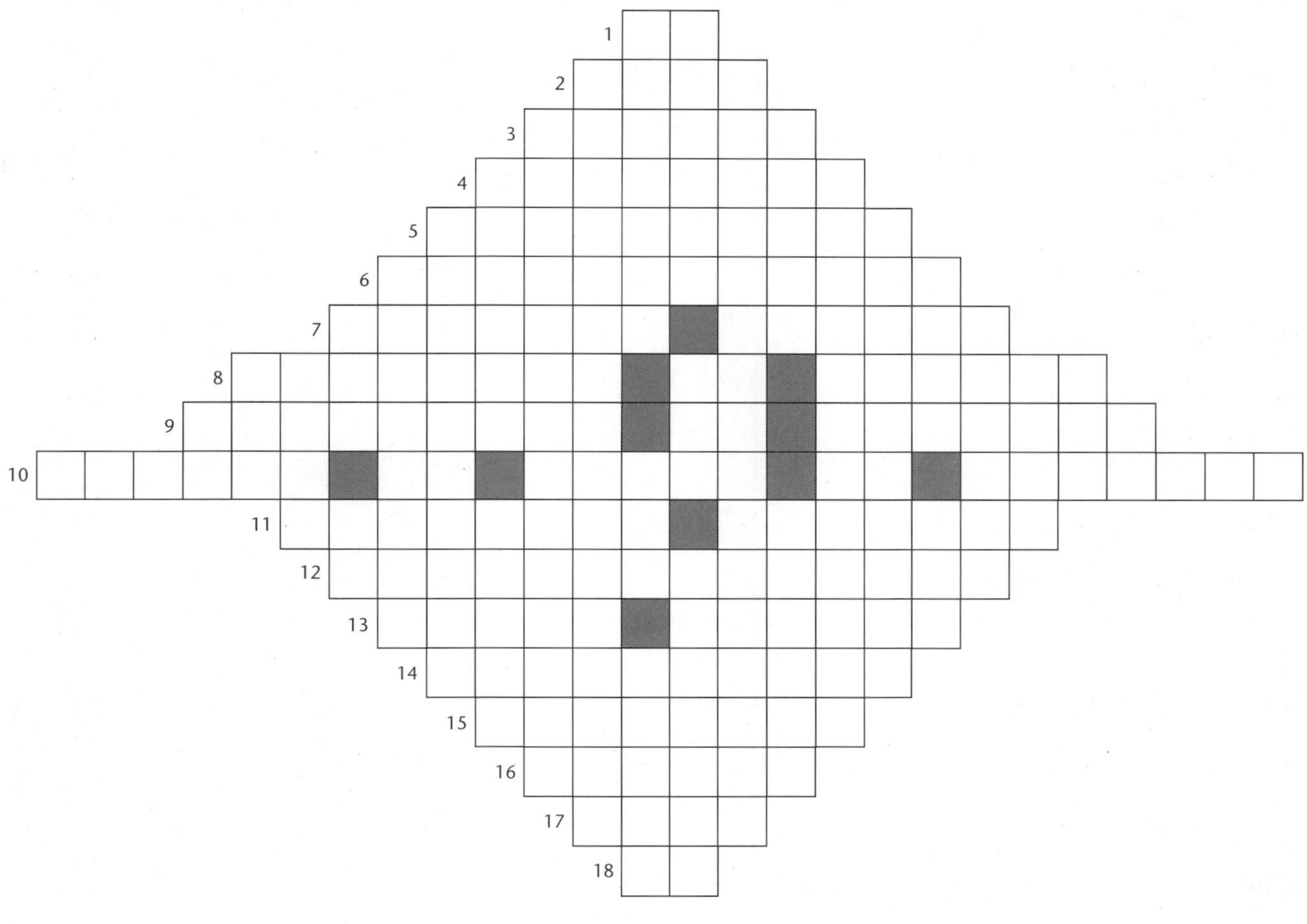

b) Escoge la palabra adecuada.

1. El libro es muy económico/economista.
2. Pues, hoy voy a pedir pez/pescado en salsa.
3. El año pasado fue fundada/fundida la empresa.
4. Ayer escribí/pagué con una letra de cambio.
5. Nuestra firma/compañía se declaró en quiebra.
6. Hacer un encargo es lo mismo que hacer un pedido/una demanda.
7. Por tanto trabajo, el viajante/turista no tuvo tiempo de ir a ningún sitio de interés.
8. El valor/valer de los productos no es siempre el real.

Nombre: **Fecha:**

A ver si te acuerdas

Para cada palabra hay dos frases correctas. ¿Cuáles son?

1. Tengo __________ en hablar contigo esta misma noche.
2. La bombilla se __________.
3. ¿A qué hora hay que __________ los buzones?
4. Las exposiciones en las __________ privadas son más interesantes.
5. Necesito 10 metros de cable de alta __________.
6. El pan está __________.
7. Nuestra __________ se fundó en 1994.
8. El señor Ospina fue a ver al médico porque tenía la __________ muy alta.
9. El oro se __________.
10. Tengo tu número de teléfono, pero no tu __________.
11. El trabajo en las __________ es peligroso.
12. En Colombia se __________ el carbón.
13. El asunto no es de la __________ de una secretaria pero de un jefe.
14. En muchos países en vías de desarrollo se __________ al pueblo.
15. ¿Ustedes __________ a caballo?
16. En algunos países de Latinoamérica __________ coches europeos.
17. Hoy tengo que __________ la casa.
18. En el mercado internacional hay mucha __________ con los otros exportadores.
19. Tengo que llevar el coche al taller para hacerlo __________.
20. Antonio siempre me hace mucha __________.
21. Tengo una __________ en un banco alemán.
22. A España vienen muchos extranjeros para __________ olivas.
23. Mi hermana lleva la __________ de la empresa.
24. La __________ la pago yo.
25. Cinco pesetas eran un __________ en España hasta el 2002.
26. Quiero cancelar esta cuenta porque no ha ganado ningún __________ este año.

fundió
tensión
galerías
interés
duro
explota
cuenta
montan
competencia
recoger
arreglar
compañía
dirección

Nombre: Fecha:

¿Qué tipo de comunicación necesitas?

Hoy en día hay muchas formas de ponerse en contacto con el mundo o el mundo contigo. Marca tus respuestas en el test, suma tus puntos, completa y lee el párrafo que te corresponde. Cómpleta los otros párrafos y di que tipo de comunicación es el más adecuado para tu personalidad.

1. a) Te gusta escribir a mano
   b) No te gusta escribir ni a mano ni en ordenador
   c) Te gusta escribir en el ordenador
   d) Prefieres leer, oír o ver a escribir

2. a) No te gusta el ordenador
   b) Te encanta el ordenador
   c) Te gustan todos los medios de comunicación, pero odias el teléfono y el ordenador

3. a) No te gusta hablar
   b) Te gusta hablar
   c) Prefieres no ser oído ni visto

4. a) Prefieres que la gente sepa lo que te pasa a ti
   b) Prefieres saber y que sepan lo que te pasa a ti y a los demás
   c) Prefieres saber lo que pasa en el mundo

Respuestas: a=1 punto, b=2 puntos, c=3 puntos, d=4 puntos

Hasta 4 puntos: Busca papel y un boli. Escribe lo que quieras y mételo en un sobre. No olvides escribir en el sobre: nombre, dirección y ____________ de la persona a quien le escribes.
Si prefieres puedes también comprar en una papelería un papel que es pequeño y que normalmente tiene una foto o un dibujo en un lado. Por el otro lado a la izquierda escribe lo que quieras.
Al lado derecho escribes: nombre, dirección y ____________ de la persona que quieres que la reciba.
Para esto no necesitas sobre. En los dos casos tienes que llevar lo que has escrito a ____________.
Ahí compras los ____________ necesarios. Si ya tienes los ____________ en casa se los pones, en ambos casos, arriba al lado izquierdo. Buscas un ____________ en la calle y lo metes ahí.
Si quieres que llegue rápido sólo tienes que enviarlo por ____________ y ____________, cuesta más pero llega antes.

De 5 a 7 puntos: Hay varias posibilidades para hablar con alguien sin ser visto:
Puedes usar el ____________ de tu casa, el de una ____________ en la calle (para éste necesitas monedas o ____________) o el ____________ desde donde quieras.
____________ el número de teléfono de la persona con quien quieres hablar. Hay cuatro posibilidades: o bien hablas con alguien directamente o no hay nadie o te contesta un ____________ y puedes dejar un ____________ o está comunicando. Si está ____________ marca el número varias veces hasta que contesten.

Nombre: **Fecha:**

De 8 a11 puntos: Es la forma más nueva de comunicarse. Necesitas una máquina especial que tiene dos nombres: ____________ o computadora. Esta máquina consta de varias partes: un ____________ con abecedario y números, un monitor o ____________ donde ves lo que escribes y un ____________ (¡no es un animal!) con o sin cable. Escribe tus cartas y envíalas sin sellos, ni buzón, sólo con una ____________. ¡Y en pocos minutos obtienes respuesta! Al final puedes ____________ la carta en un archivo, tenerla en papel con la ayuda de la ____________ o simplemente borrarla.

Más de 11 puntos: Eres la persona más afortunada de todos porque tienes muchas posibilidades: Puedes comprar en un quiosco una cosa que tiene muchos nombres: ____________, ____________ o prensa. No cuesta mucho dinero y recibes mucho papel por ese dinero. Tiene muchos ____________ para vender, alquilar o comprar cosas. Claro que también tiene ____________ interesantes con las ____________ más actuales e informativas. Tiene varios problemas: el primero es que después de un día ya no es actual y el segundo, que el papel, casi siempre, es muy, muy grande. También puedes ir a una tienda y comprar un aparato que se llama ____________. Vas a tu casa y lo enciendes. Con un botón tienes que buscar la ____________ que quieres escuchar. No todas las emisoras ____________ lo que tú quieres oír. Puedes oír música, ____________ o ____________. Claro que en la misma tienda puedes comprar otro aparato que se llama ____________. En tu casa lo enciendes y con un botón buscas lo que quieres ver. Puedes ver y escuchar películas, ____________, ____________ y muchas otras cosas. Este aparato tiene una ventaja: ¡tú puedes ver y escuchar gente, pero ellos ni te ven, ni te escuchan!

Nombre: Fecha:

Muchos son los llamados y pocos los escogidos

Marca con una x el tema general de cada grupo. En cada grupo hay una palabra que no pertenece a ese tema general, márcala también.

	correos	teléfono	editorial/ prensa	radio	televisión
1. descolgar – localizar – serie – sonar					
2. antena – publicación – diccionario – publicar					
3. franqueo – envío – remite – pasos					
4. señas – prefijo – contra reembolso – certificado					
5. tele – ~~agotado~~ – en directo – noticias					X
6. emisora – oyente – reportaje – telenovela					
7. teletexto – cómic – publicación – libro					
8. televidente – telegrama – teletienda – telenovela					
9. línea – conferencia – colgar – impreso					
10. tirada – imprenta – zapear – índice					
11. oyente – culebrón – volumen – vídeo					
12. emisión – cadena – rodar – oyente					
13. giro postal – localizar – correo aéreo – cartero					
14. apartado – llamada urbana – al aparato – comunicación					
15. marcar – destinatario – guía telefónica – información					
16. suscribirse – videoconferencia – quiosco – crónica					
17. telvisión – télex – tele – televisor					
18. anuncio – redacción – espectador – revista					

Nombre: Fecha:

Las cosas no son del dueño sino del que las necesita

a) La técnica va muy rápido y la lengua necesita nuevas palabras: unas veces las toma de otras leguas (exactamente iguales o las cambia un poco) y otras veces usa palabras de su propia lengua. Selecciona las palabras según sus raíces.

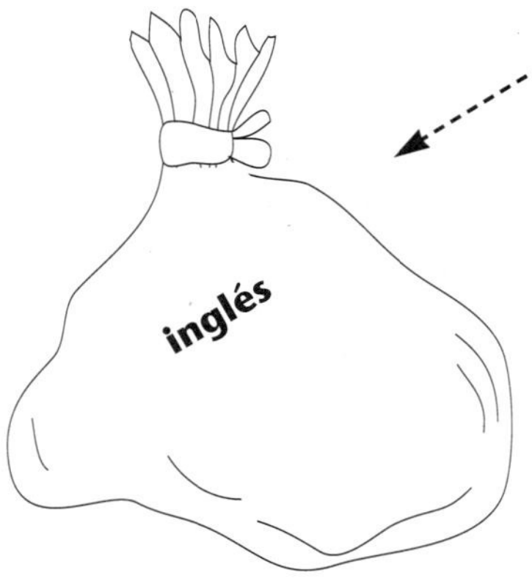

1. chatear
2. computadora
3. bajar
4. red
5. disquete
6. ratón
7. módem
8. escanear
9. enlace
10. buscador
11. disquetera
12. cargar
13. salvapantallas
14. memoria
15. navegar
16. ventana
17. picar
18. hardware
19. puerto
20. engancharse

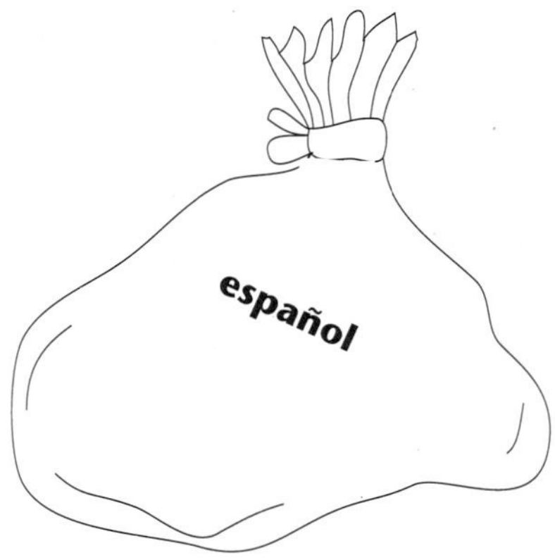

b) De las palabras del ejercicio a) hay 13 que son del español. Busca en el libro el otro significado de estas palabras y escribe el significado relativo a los ordenadores.

Palabras de la lista	Primer significado	Significado relativo a los ordenadores
1.		
2.		
3.		
4.		
5.		
6.		
7.		
8.		
9.		
10.		
11.		
12.		
13.		

Nombre: Fecha:

Más vale la seguridad que la policía

En este dibujo puedes encontrar 11 errores, problemas, faltas o accidentes de tráfico.
Si lo haces solo: describe todo con 11 frases.
Si lo haces en parejas o en grupos: se puede hacer primero de forma oral, el que más errores encuentre gana, y después juntos escriben las frases.

1. ____________________
2. ____________________
3. ____________________
4. ____________________
5. ____________________
6. ____________________
7. ____________________
8. ____________________
9. ____________________
10. ____________________
11. ____________________

Nombre: Fecha:

El que no corre, vuela

Completa las siguientes casillas de forma horizontal. Al final obtienes verticalmente cuatro respuestas clave.

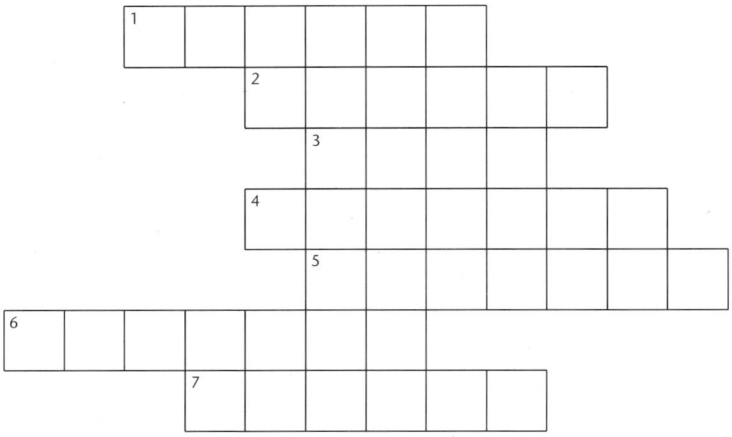

1. Lugar donde hay que esperar el autobús.
2. Billete que necesitas si vas a un lugar pero no para siempre.
3. Lo que tomas si tienes mucho dinero y mucha prisa.
4. Donde dice la hora en que viene el autobús.
5. Lo que tienes que comprar para viajar en autobús o en tren.
6. Lo que tienes que comprar para viajar 10 veces en autobús.
7. Lo que tienes que comprar para viajar en barco o en avión.

8. Lugar donde llegan y de donde salen todos los trenes.
9. El conjunto que forma el medio de transporte por tren.
10. Para tener un asiento seguro, se tiene que hacer una...
11. Lugar donde los pasajeros esperan su tren o donde se bajan cuando llegan.

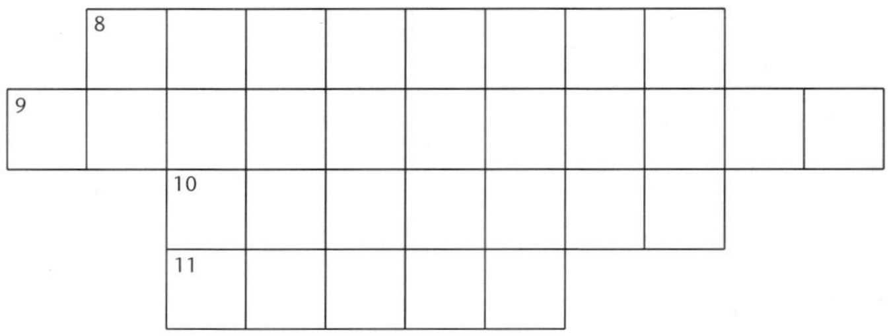

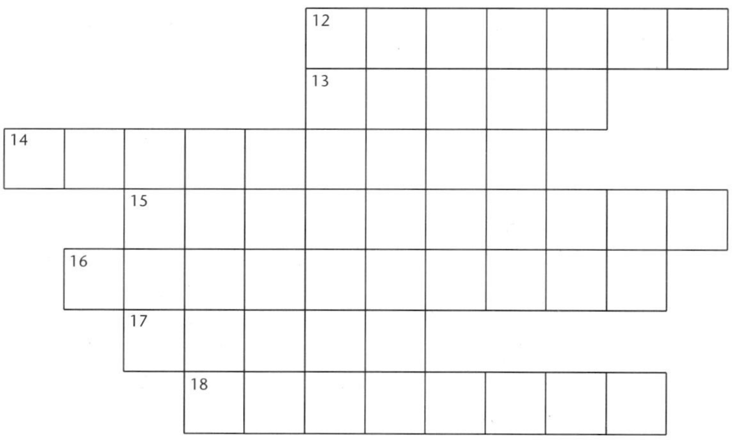

12. El femenino de auxiliar de vuelo.
13. Acción de un avión para ir de un lugar a otro.
14. Lo que hace un avión cuando llega.
15. Lugar donde llegan y de donde salen los aviones.
16. El jefe o capitán de un barco o un avión.
17. Todo lo relativo al transporte que va por el cielo.
18. Lo que hace el avión cuando sale y está listo para volar.

19. Salir en avión o en barco.
20. Las personas que viajan con un medio de transporte.
21. Que tiene relación con el mar.
22. Llegar en avión o en barco.
23. Lugar donde llegan y de donde salen todos los barcos.

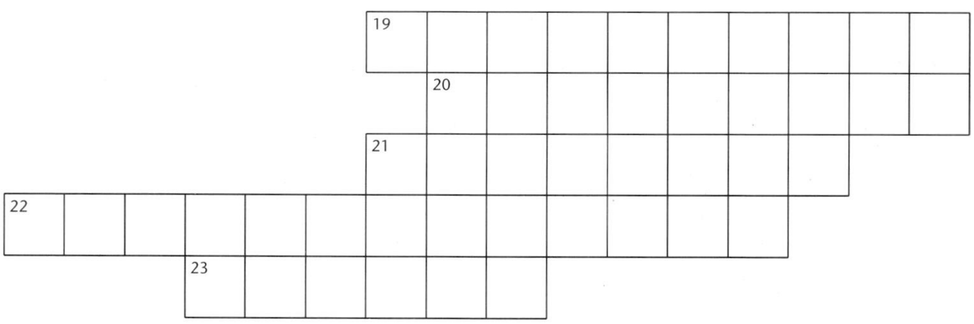

Nombre: Fecha:

La excepción hace la regla

a) Busca y forma las palabras o expresiones que están en alemán. (Ojo: Hay diferentes posibilidades de formación de palabras : – significa raya entre las palabras, 0 significa que es una sola palabra y X que son dos palabras separadas y sin preposición.)

1. Rettungsring: ____________
2. Fahrschule: ____________
3. Geisterfahrer: ____________
4. Rettungsboot: ____________
5. Schlafwagen: ____________
6. Speisewagen: ____________
7. Auto: ____________
8. Sicherheitsgurt: ____________
9. Nahverkehrszug: ____________
10. Kopfstütze: ____________
11. Autobahn: ____________
12. Schnellstraße: ____________
13. Führerschein: ____________
14. Güterzug: ____________
15. Kraftfahrzeugpapiere: ____________
16. Versicherungsschein: ____________
17. Autoreisezug: ____________
18. Steward: ____________
19. Zehnerkarte für U-Bahn: ____________
20. Kurzparkzone: ____________
21. Verkehrszeichen: ____________
22. Fußgängerüberweg: ____________
23. Benzinkanister: ____________
24. Motorraum: ____________
25. Autovermietung: ____________
26. Mofa: ____________

auto		pista
moto		escuela
bote	–	mercancías
bono		suicida
coche		salvavidas
señal		motor
tren		restaurante
auto	de	vidas
bidón		móvil
coche		seguridad
cinturón		cercanías
tren		peatones
carnet	del	metro
conductor		vía
auto		conducir
auxiliar		cama
documentación		coche
póliza	X	seguro
salva		cabezas
auto		trén
zona		tráfico
paso		vuelo
compartimento	0	gasolina
alquiler		azul
reposa		automóviles
auto		cicleta

b) Busca las parejas:

ida proa popa babor vuelta frenar escala atasco estribor directo circular acelerar procedente (de) (con) destino (a)

Nombre: **Fecha:**

Para matar el tiempo

Lee las siguientes frases y decide si son falsas o verdaderas. Hay una letra para cada respuesta. Llena las casillas de la respuesta clave y obtienes un dicho español muy famoso para decir que si uno tiene problemas tiene que estar tranquilo para resolverlos.

	falso	verdadero
1. En las zonas de clima seco, nieva casi todo el año.	A	E
2. Un pico es la parte más alta de una montaña.	M	–
3. En cuevas no sólo vivían animales sino personas también.	O	M
4. Un arroyo es más grande que un río.	A	M
5. Los océanos forman tres cuartos del total de la tierra.	E	L
6. Un río desemboca en un mar o un lago, cuando el río lleva sus aguas a éste.	P	–
7. Un cabo, al igual que la cala, se parecen a una lengua que sale de la tierra al mar.	T	A
8. En la costa hace más bochorno que en los desiertos.	L	I
9. La luna es una estrella que brilla en la noche.	E	O
10. Cuando el cielo está nublado, es que está cubierto.	N	M
11. Siempre que nieva, hiela.	P	E
12. La lluvia helada que cae de las nubes con violencia se llama granizo.	–	O
13. Mallorca es una península.	–	R
14. Menorca es una isla.	O	B
15. La expresión "está lloviendo a mares" significa que "están cayendo cuatro gotas".	U	S
16. Frío es más que fresco.	T	E
17. Un planeta es una estrella.	U	N
18. Cuando está despejado uno se moja.	A	B
19. Las olas se forman en los ríos cuando el viento sopla muy fuerte.	–	D
20. Cuando hay tormenta nunca hace viento.	C	F
21. En el campo hay paisajes de bosques muy hermosos.	G	A
22. El sol y unos planetas forman el sistema solar.	H	R
23. Los valles están en las montañas.	A	I

Respuesta clave:

1	2	3	4	5	6	7	8	9	10	11	12	13	14	15	16	17	18	19	20	21	22	23

Nombre: Fecha:

El que no duda no sabe cosa alguna

a) Después de haber estudiado los capítulos, cierra el libro y llena la tabla con todas las palabras que recuerdes. Cuantas más palabras más puntos. Puedes jugar solo, en parejas o en grupo. ¡Ojo: no tienes que llenar todos los espacios!

Puntos por palabra	Materiales	Árboles y arbustos	Frutos	Cereales	Animales de cuatro patas	Animales con alas	Animales sin patas
10							
20							
30							
40							
50							
60							
70							
80							
90							
100							
total							

b) ¿Cómo se llama y cuáles son sus características?

pájaro

madera	frágil
rama	hoja
raíz	flor
semilla	fruto
hocico	ala
pico	cuerno
cola	correa

Nombre: Fecha:

Huecología

Completa los siguientes textos sobre la ecología.

___ ___ ___ ___ ___ ___ ___ ___ la naturaleza significa cuidar el ___ ___ ___ ___ , el aire, todo lo ___ ___ ___ ___ ___ ___ ___ , es decir, no usar nada que sea ___ ___ ___ ___ ___ ___ ___ ___ ___ ___ ___ ___ , nada que le haga ___ ___ ___ ___ a nuestra naturaleza.

Hay que ___ ___ ___ ___ ___ ___ ___ ___ ___ los árboles y bosques evitando los ___ ___ ___ ___ ___ ___ ___ ___ ___ y evitando cortar árboles. Hay que producir menos ___ ___ ___ ___ ___ ___ o seleccionarla, por ejemplo las botellas en ___ ___ ___ ___ ___ ___ blanco, verde o marrón; el papel y el resto de basura en ___ ___ ___ ___ ___ ___ ___ ___ ___ ___ ___ ___ especiales.

Las grandes ___ ___ ___ ___ ___ ___ ___ ___ crecen cada día más igual que los ___ ___ ___ ___ ___ ___ ___ ___ ___ industriales. Se construyen cada vez ___ ___ ___ ___ ___ ___ ___ ___ ___ más y más altos, puentes y ___ ___ ___ ___ ___ ___ más y más altas, lo que pone los ___ ___ ___ ___ ___ ___ ___ naturales en peligro .

Cuidemos los ___ ___ ___ ___ ___ ___ ___ ___ ___ ___ ___ de nuestras ciudades y nuestras ___ ___ ___ ___ ___ verdes. Pidamos a nuestro ___ ___ ___ ___ ___ ___ ___ ___ ___ ___ ___ ___ que en los ___ ___ ___ ___ ___ ___ ___ de familias haya ___ ___ ___ ___ ___ ___ ___ ___ ___ ___ ,

que eviten todo tipo de ___ ___ ___ ___ ___ ___ ___ ___ ___ ___ ___ ___ ___ del medio ambiente , que aumenten el uso de energías ___ ___ ___ ___ ___ ___ ___ ___ ___ ___ ___ ___ y no el de las energías ___ ___ ___ ___ ___ ___ ___ ___ ___ y que finalmente empiecen a aumentar el uso de la energía ___ ___ ___ ___ ___ para que nuestros nietos tengan ___ ___ ___ ___ y aire puros.

Nombre: **Fecha:**

Palabras claras no necesitan explicaciones

Aquí tienes muchísimas palabras que tienes que ordenar en cuartetos ordenándolos según su tema general (hay 15 cuartetos en total).

plomo	mercurio	chubasco	orilla	puesta del sol	trigo
llovizna	lluvia	cuesta	temperatura	tronco	colina
montaña	llama	avena	universo	plutón	limonero
arder	rama	volcán	cebada	humo	glaciar
platanero	cósmico	corteza	almendro	nevada	parte meteorológico
pólvora	inflamable	atmósfera	polo	cobre	centeno
tempestad	río	manzano	azufre	oscuridad	océano
venus	hoja	lago	monte	grado	órbita
crepúsculo	costa	litoral	salida del sol	fósforo	playa
termómetro	marte	helada	mar	estaño	aluminio

Nombre: Fecha:

Cada cosa es un caso con causa o sin ella

Traduce las siguientes palabras y busca todas las palabras que se puedan formar con las mismas letras de la palabra. Si juegas en parejas o grupo gana el que más palabras pueda sacar. Cada palabra vale un punto pero palabras que no existen valen menos un punto.

c a n t a r ___ singen / canta, carta, rana, rata ...

m a u l l a r ___

m a n s o ___

d o m é s t i c o ___

d e s a p a r e c e r ___

c i s n e ___

r u i d o s o ___

r u i s e ñ o r ___

o s t r a ___

c a r a c o l ___

p o b l a r ___

h o r m i g a ___

e s p i n a ___

r e s i d e n t e ___

r a s c a c i e l o s ___

Nombre: ___ Fecha: ___

¿Qué hacemos?

Aquí hay unos anuncios del periódico de hoy. Míralos y responde a las preguntas.
Puedes jugar en parejas: uno hace 9 preguntas y el otro las otras 9.

El cotidiano, viernes 9 de noviembre de 2002

Programa de cine, teatros y otras diversiones

Cine Calima: 13:45 Kika
17:15 El Rey y su madre
21:00 Magia y muerte

Teatro Municipal:
Próximo viernes a las 20:00
El amor flamenco

Teatro la Risa:
sábados: 15:00, domingos: 11:00
La visita del tío Pepe

Circo el Payaso
Abierto de diciembre a mayo
Para más información
llamar al 624873

Museo de Arte
Exposición: las frutas en la pintura
de martes a domingo de 11:00-17:00

Teatro Colón:
viernes: 20:00
Concierto de guitarra

Teatro moderno:
sábado: 22:00
Concierto de música de la nueva ola

Teatro la Marioneta
sábado: de 17:45 a 20:30
para grandes y chicos
La flauta mágica

Discoteca: recordar es vivir
viernes: a partir de las 4:00

Fiesta de la ciudad
Plaza Central
domingo de 12:00 a 17:00

1. ¿A cuántos estamos?
2. ¿Qué estación del año es?
3. ¿Qué podemos hacer hoy?
4. ¿Qué fecha es mañana?
5. ¿Qué podemos hacer mañana con los niños?
6. ¿Qué podemos hacer mañana sin los niños?
7. ¿En qué estaciones del año podemos ir al circo?
8. ¿Dentro de cuántos meses podemos ir al circo?
9. ¿Cuántos meses al año podemos ir al circo?
10. ¿Cuáles meses podemos ir al circo?
11. ¿Tenemos tiempo para ir al Teatro la Marioneta y al Teatro moderno?
12. ¿Qué podemos hacer a medianoche?
13. ¿Qué podemos hacer a diario?
14. ¿Qué podemos hacer sólo dentro de una semana?
15. ¿Qué podemos hacer el domingo?
16. ¿A qué hora exactamente es la flauta mágica?
17. ¿Qué día no podemos ver la exposición?
18. ¿A qué hora abren el Museo de Arte?

Nombre: Fecha:

El tiempo lo cura todo

a) Marca la respuesta más correcta para cada caso.

1. ¿Me podría decir cuánto dura / tarda / tiempo toma en terminar la película?
2. Terminé el bachillerato antes / después / hace tres años.
3. Cuándo / cuando / mientras llegué a Madrid, Eberhard ya había regresado a Berlín; así que no nos vimos.
4. Pronto / frecuente / hace dos meses voy a ir al cine.
5. La semana pasada / última / antes no fuimos al colegio porque era Semana Santa.
6. En esta empresa empezamos de / empezamos a / empezamos trabajar a las 7:30 de la mañana.
7. A tiempo que / durante / mientras tú duermes, yo preparo la cena.
8. Siempre que / siempre / cada vez te veo, me gustas más y más.
9. Cuándo acabes de / dejes de / acabes fumar, te vas a sentir mucho mejor de salud.
10. Antes / de momento / el momento estoy trabajando para una empresa internacional.
11. Termino / acabo de / acaba ver a mi novio con otra mujer.
12. Desde que / desde hace que / hace que vivo sola, salgo más.

b) A cada frase le corresponden dos respuestas correctas, búscalas.
Ojo: algunas palabras puedes usarlas más de una vez.

1. La clase ________________ / ________________ a las 9:45 de la mañana.
2. No me gusta hablar de temas personales por eso no puedo ________________ / ________________ con esta conversación.
3. ________________ / ________________ voy a la ópera porque no me gusta.
4. Victor ________________ / ________________ su carrera en 1999.
5. No voy mucho a la piscina, pero ________________ / ________________ me gusta ir.
6. ________________ / ________________ como tanto, no puedo dormir bien.
7. ¿Blanca, puedes ayudarme?

   Lo siento, pero ________________ / ________________ no tengo tiempo.
8. Fuimos al cine y ________________ / ________________ a cenar en un restaurante típico.
9. ¡Hasta ________________ / ________________! y gracias por su compra.
10. ¿________________ / ________________ estás aquí? Yo pensaba que te habías ido la semana pasada de vacaciones.
11. Traígame la cuenta, por favor.

    Sí, claro, ________________ / ________________.

seguir · aún · a veces · terminar · siempre que · todavía · ahora · de vez en cuando · jamás · después · enseguida · nunca · ahora mismo · pronto · luego · continuar · cada vez que · acabar · comenzar · en este momento · empezar

Nombre: **Fecha:**

Hay gato encerrado

Aquí tienes las instrucciones para hacer un dibujo. Si lo haces solo corrígelo con las soluciones. Si lo haces en parejas o en grupo, cada uno lee una de las instrucciones y cada uno hace su dibujo en secreto. Al final se comparan y se discute si hay diferencias.

1. En el centro hay una casa.
2. A la derecha de la casa hay un árbol enorme.
3. Delante de la casa hay un lago profundo.
4. Entre el lago y la casa hay un perro.
5. De norte a sur, entre el árbol enorme y la casa pasa una carretera estrecha pero larga.
6. Detrás de la casa hay un niño pequeño.
7. En el norte de este a oeste hay una cordillera muy alta.
8. Al lado izquierdo de la casa, hay otro árbol a la misma distancia que entre la casa y el otro árbol.
9. La casa está entre dos árboles de igual altura.
10. Encima de la casa hay un pájaro.
11. En el lago hay dos patos.
12. Debajo del árbol derecho hay una bicicleta.
13. Alrededor del árbol izquierdo hay dos pollos.
14. Desde la cordillera sale un río que pasa de norte a sur por la izquierda de los pollos y desemboca en el lago.

Pregunta: ¿Y dónde está el gato?

Respuesta: ____________________

Nombre: **Fecha:**

No lleves siempre la contraria

Aquí tienes unas palabras, escribe su sinónimo o su antónimo o los dos.

antónimo		sinónimo
	después de	
	día festivo	
	pasado	
	breve	
	tarde	
	alto	
	cercano	
	izquierda	
	detrás	
	vertical	
	interior	
	inferior	
	en ninguna parte	
	adelante	
	producirse	
	de pronto	
	instante	
	acontecimiento	
	frecuente	
	pocas veces	
	deprisa	
	profundo	
	longitud	
	extensión	
	tan pronto como	
	alejarse	
	presente	
	recientemente	
	occidente	
	ponerse a	
	a partir de	
	ir atrasado	
	a primeros de	
	despacio	
	cerca de	
	encima	

Nombre: Fecha:

Ponle orden a tu tiempo

Aquí tienes una serie de palabras. Ordénalas de menor a mayor, de menos distantes en el tiempo o lugar a más distantes, etc …

–/0 % → +/100 %

1. miércoles, martes, lunes, jueves — lunes, martes, miércoles, jueves
2. octubre, septiembre, julio, agosto
3. a finales de, a primeros de, a mediados de
4. verano, primavera, invierno, otoño
5. anual, cotidiano, mensual, semanal
6. medianoche, mediodía, madrugada, mañana, noche, tarde
7. anteayer, mañana, hoy, pasado mañana, ayer
8. empezar a hacer, acabar de hacer, ir a hacer, estar haciendo
9. a menudo, siempre, nunca, pocas veces, a veces
10. temprano, en punto, adelantando, tarde
11. enorme, pequeño, grande
12. allí, aquí, ahí

Nombre: **Fecha:**

Entre gusto y gusto no hay disgusto

a) Completa el diálogo con las partes de las palabras que faltan.

Sabine y Mónica están haciendo los deberes en la cafetería del colegio:

Sabine: Hola Mónica, ¿Tú conoces a Achim?

Mónica: No. ¿Quién es?

Sabine: Pues, es el chico del que estoy enamorada. Mira, ahí viene.

Mónica: ¿Cuál? El de pelo gri__ o el de pelo negr__?

Sabine: No, no, el de pelo marró_ y ojos azul__.

Mónica: ¡Ah! ¿El de camisa roj__ y pantalón ros__?

Sabine: ¡No! El de camisa marró__ a ray__ lil__ y pantalón verd__.

Mónica: Pero, ése tiene los ojos verd__ y no azul__.

Sabine: Oye, creo que tienes que ir al médico porque no ves nada.

Mónica: Y yo creo que tu Achim tiene que cambiar su gusto o tú de novio.

Sabine: Bueno, sigamos trabajando. ¿Me das un lápiz de color violet__? El mío está sin pun__.

Mónica: No tengo color violet__ , pero tengo morad__ que es casi igual y está bien punt____.

Sabine: Gracias.

Mónica: Mira aquí tenemos que dibujar un__ cír_____, pero no tengo nada redon____.

Sabine: Yo tengo que hacer un__ cr__ dentro de un__ cuadr_____.

Mónica: Toma tu lápiz y haz l__ líne__ con él.

Sabine: ¡Qué buena idea!

Mónica: Bueno, ya está. Me voy. Son las cinco ya se pone oscur__.

Sabine: Tienes razón. Te puedo dejar en casa. Tengo el coche de mi padre.

Mónica: ¡Qué bien! Entonces ¡vámonos!

b) Relaciona, color o forma de la derecha, con las palabras para hacer símiles o comparaciones. Después busca los equivalentes en alemán.

1.	redondo	como la luna	kugelrund
2.	______	como la noche	______
3.	______	como un tomate	______
4.	______	como una esmeralda	______
5.	______	como el agua	______
6.	______	como el oro	______
7.	______	como la leche	______

blanco
amarillo
claro
oscuro
verde
rojo
~~redondo~~

c) Los colores y las formas muchas veces se usan con otro significado, que por cierto es muchas veces igual que en alemán, aquí tienes unas frases en español, relaciónalas con el significado en alemán:

1. estár tan blanco →	a) jn in Wut bringen
2. poner negro a alguién	b) Gelbfieber
3. raíz cuadrada	c) blaues Blut
4. fiebre amarilla	d) Dickschädel
5. fruta verde	e) Kurzparkzone
6. sangre azul	f) runde Zahl
7. pasar de (la) raya	g) unreif
8. zona azul	h) rot werden
9. ponerse rojo	i) blaß
10. número redondo	j) Quadratwurzel
11. cabeza cuadrada	k) zu weit gehen

Nombre: Fecha:

De noche todos los gatos son pardos

a) Si mezclamos colores del primer círculo con los del segundo obtenemos otros nuevos colores. Llena la tabla con los nuevos colores que resultan. ¡Míra el ejemplo!

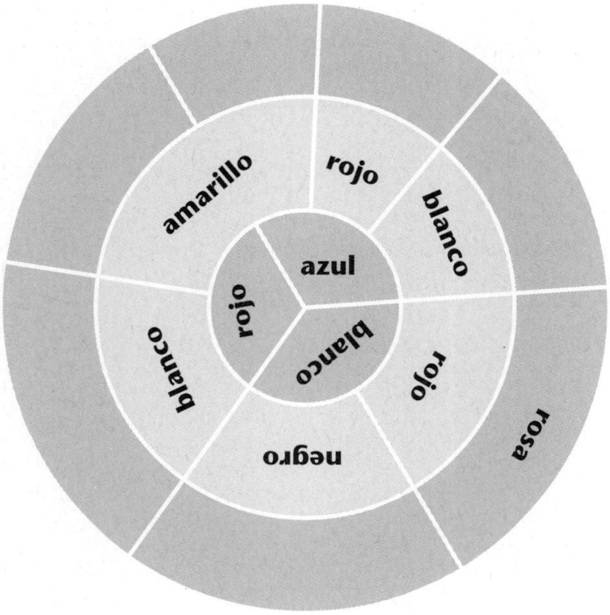

b) Completa el crucigrama de las formas. Ojo: la forma está siempre a la izquierda o arriba de la palabra. No olvides que hay formas (casi) iguales con palabras diferentes.

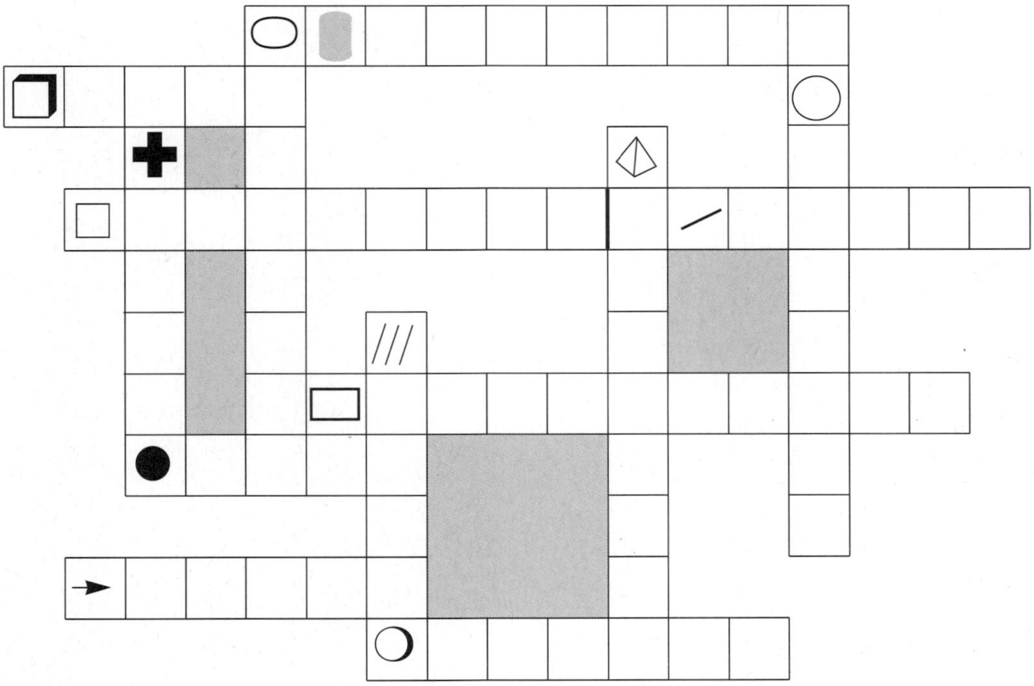

Nombre: Fecha:

MatemáTICAs y gramáTICA para el vocabulario

a) Di qué operación matemática hay que hacer para obtener los siguientes resultados:

1. veintitrés [+] treinta y dos = cincuenta y cinco sumar
2. cuarenta [ ] once = veintinueve ______
3. trece [ ] dos = veintiséis ______
4. novecientos [ ] tres = trescientos ______

b) Vamos a solucionar los siguientes problemas de matemáticas solucionando la gramática. Completa los espacios en blanco y responde a las preguntas:

1. Tengo un melón que pesa un kilo. Yo tomo un trozo de doscientos cincuenta gramos y te doy a ti quinientos gramos.

a) ¿Qué parte del melón tengo? ______

b) ¿Qué parte del melón te doy? ______

c) ¿Qué parte del melón queda? ______

2. Estamos de camino a la playa que queda a quince kilómetros de distancia desde nuestra casa. Ya hemos recorrido el treinta por ciento del total. Es decir que sólo hemos recorrido menos de la mitad.

a) ¿Cuántos kilómetros y metros nos falta por recorrer? ______

b) ¿Cuántos kilómetros hemos recorrido ya? ______

3. Ayer para la cena compré una botella de vino. La botella era de litro. La botella estaba llena. Bebimos cuatro personas y cada uno bebió una copa entera. Las copas que tengo son de un cuarto de litro.

a) ¿Cuánto vino queda? ______

b) ¿Cómo quedó la botella? ______

4. Vamos a solucionar esta historia de familias. Di cuantos años tienen Mario y Juan.

Juan tiene tres hermanos y una hermana. Un hermano tiene cuatro años más ______ Juan, los otros dos son menores ______ Juan y la hermana tiene tantos años ______ el hermano menor. (Much______gente dice que se parecen much______, otros dicen que son muy diferentes.) Mario tiene el doble de años que la hermana menor de Juan y es tan joven como Juan. Mario tiene un hermano más ______ Juan y una hermana menos ______Juan. En la familia de Mario cada hijo tiene un total de dos años de diferencia, el menor tiene diez años, es decir, ocho años menos ______ el mayor que es Mario

Juan

______

Mario

______

Nombre: Fecha:

Tan seguro como dos por dos son cuatro

a) Tienes dos respuestas para dos huecos. Ojo: si hay más huecos para completar, sólo tienes que completar dos de ellos. Escoge la respuesta adecuada para cada caso.

1. ¿Te doy otro kilo de manzanas?
   - No, gracias, un kilo me ____________. / Un kilo me es ____________.
   a) basta
   b) suficiente

2. Dame el pan ____________ / Dame ____________ el pan, por favor. No me gustan los trozos.
   a) todo
   b) entero

3. Ahora contesta las ____________ preguntas ____________ y las ____________.
   a) sucesivas
   b) siguientes

4. De este producto hay ____________ en el mercado/Este producto está ____________ en el mercado.
   a) escaso
   b) poco

5. No me lo des todo, sólo quiero ____________. / Sólo quiero la ____________.
   a) medio
   b) mitad

6. Vienen ____________ veinte estudiantes. / Viene ____________ veinte estudiantes.
   a) a lo sumo
   b) un promedio de

7. A algunos conciertos van ____________ de / van ____________ personas y a otros no.
   a) masas
   b) numerosas

8. Casi todos tienen ____________ de peso. / Me ____________ unos kilos.
   a) sobran
   b) exceso

9. Es ____________ Carlos en la familia. / Es Carlos ____________ de España.
   a) quinto
   b) el quinto

b) ¿Cuáles son iguales?

a) dos
b) diez milímetros
c) doce
d) cincuenta por ciento
e) cien centímetros
f) ochocientos cincuenta y dos metros
g) mil kilogramos
h) mil metros
i) diez mil metros cuadrados

1. un kilómetro
2. un metro
3. la mitad
4. una hectárea
5. un centímetro
6. un par
7. una milla
8. una docena
9. una tonelada

Nombre: Fecha:

Más vale algo que nada

Completa las frases con la palabra adecuada, después busca las que pertenecen al mismo diálogo y ordénalas. Para ayudarte a encontrar la solución, te damos la letra de la mitad. Ojo: si no hay una letra en la mitad no te damos nada, pero como ya lo dice el título: más vale algo que nada.

1. – ¿Vamos a comer tapas o paella? * Me es ___ ___ u ___ ___.
2. Yo tengo ___ ___ ___ ___ ___ ___ jerseys rojos porque me gusta ___ ___ c ___ ___ ese color.
3. ¿Tú ___ ___ ___ ___ ___ ___ ___ ___ ___ ___ a los gemelos? * Sí, claro. Son muy ___ ___ ___ ___ i ___ ___ ___ ___.
4. Yo tengo 50 Euros. * Yo ___ ___ ___ b ___ ___ ___.
5. No comprendo que la gente diga que Jorge es ___ ___ u ___ ___ a su hermano gemelo.
6. Esos zapatos no son ___ ___ ___ a ___ ___ ___ a los míos.
7. Pues, yo prefiero el azul oscuro porque no es ___ a ___ fuerte ___ ___ ___ ___ el rojo.
8. ¿Cuáles son las ___ ___ ___ ___ ___ e ___ ___ ___ ___ ___ entre Jorge y su hermano gemelo? * Pues, mira, es que son completamente ___ ___ ___ ___ ___ ___ ___ ___ ___ ___.
9. No son ___ ___ ___ a ___ ___ ___ a los tuyos pero ___ ___ ___ ___ c ___ ___ ___ ___.
10. Yo no tengo nada de hambre. * Yo ___ ___ ___ p ___ ___ ___.
11. Entonces tú tienes ___ ___ ___ ___ ___ ___ Euros ___ ___ ___ ___ yo.
12. Mira, esos zapatos rojos sí son ___ ___ ___ ___ los míos, sólo que los míos son más pequeños ___ u ___ ésos.
13. ¿Tú tampoco tienes hambre, Mario? * Lo siento. Yo ___ ___ ___ p ___ ___ ___, pero Juan sí.
14. ¿Me podéis dar 100 Euros?
    * No, ___ ___ ___ ___ ___ g ___ ___ ___ ___ ___ ___ ___ ___ ___.
15. A mí también me gusta ___ ___ c ___ ___ el rojo, pero no tengo ___ ___ ___ ___ ___ ___ jerseys rojos como tú.
16. El rojo me gusta ___ ___ n ___ ___ a mí ___ ___ ___ ___ el azul a ti.

El orden de los 5 diálogos:

1. *10, 13, 1 oder 1, 10, 13*
2. ______________________
3. ______________________
4. ______________________
5. ______________________

Nombre: **Fecha:**

Es lo mismo pero diferente

a) Decide cuál o cuáles de las posibilidades dadas son equivalentes al ejemplo.

1. ¿Cuál fue el motivo para viajar al Japón?
   a. por qué
   b. cuál fue la causa
   c. tuvo razón
2. Llegó tarde de manera que no comió nada.
   a. de otra forma que
   b. de modo que
   c. de tal forma que
3. La comida en ese restaurante es generalmente muy buena.
   a. normal
   b. en especial
   c. en general
4. A mí me gusta sobre todo el sur de España.
   a. sólo
   b. en especial
   c. hasta
5. Viajó a Colombia porque su novia vive en Cali.
   a. como
   b. para
   c. por
6. Se tiene que cambiar una ley.
   a. he de
   b. hay que
   c. se puede

b) Completa las frases con la respuesta correcta. Puedes utilizar dos palabras para la misma frase. Ojo: Una tilde o acento ortográfico puede cambiar todo.

1. ¿_______________ vas a llamar a Gustavo?

   – Lo llamo _______________ venga a verme.

   – Lo llamo _______________ quiero verlo.

2. ¡_______________ no sabes quién fue Cristóbal Colón!

   – ¡_______________ tonto! Pero, ¿_______________ crees?

   ¿Crees _______________ sabes más _______________ yo?

3. ¿No comes?

   – _______________ no tengo hambre, no _______________. Y además yo no

   _______________ tanto _______________ tú.

   ¿_______________ dices?

   – Nada, nada. Olvídalo.

para qué · para que · porque · que · a que · a qué · por qué · qué · como · cómo

Nombre: Fecha:

No son las que están pero están las que son

a) Aquí tienes un texto con huecos. Complétalo con los verbos ser, estar o hay y relaciona las frases con la razón gramatical.

hay
vor unbestimmten Mengenangaben ____
vor unbestimmtem Artikel ____

estar
Angabe des Zustands, persönliches Befinden ____
Ortsangaben ____
Bewertungen ____

ser
Definitionen + charakterliche Eigenschaften ____
Herkunft a,____
Tag ____
Religion ____
Beruf ____
Familienstand ____
Uhrzeit ____

a. ser____ de Panamá
b. ____ hombre
c. ____ muerta
d. ____ contenta
e. ____ domingo
f. La paella ____ un plato español.
g. ____ católico
h. ____ enamorado
i. ____ simpático
j. ¿____ una farmacia en esta calle?
k. ____ alemán
l. ____ estudiante
m. ____ viva
n. ____ loco por ti
o. ____ en Alemania
p. ____ enfermo
q. ____ mucha gente en la calle
r. ____ embarazada
s. ____ gorda por comer tanto
t. ____ inteligente
u. Este pescado ____ muy salado.
v. ____ médica
w. ____ morena por el sol
x. ____ rubio
y. ____ de guía turística
z. ____ enfadado conmigo
aa. Hoy ____ buen pescado.
bb. ____ viudo
cc. ____ alto para su edad
dd. El Amazonas ____ un río.
ee. Lima ____ la capital de Perú.
ff. ____ la una de la tarde

b) Traduce las siguientes frases.

1. Arzt werden ____
2. nervös werden ____
3. krank werden ____
4. anders werden ____
5. mehr werden ____
6. alt werden ____
7. niedriger werden ____
8. verrückt werden ____
9. schlau werden ____
10. besser werden ____
11. geliebt werden ____
12. zu einer ernsthaften Persönlichkeit werden ____
13. schlechter werden ____
14. reich werden ____
15. berühmt werden ____

Nombre: **Fecha:**

La cuestión es de saber dónde está el sabor

Aquí tienes una carta que Felix le escribe a Mario después de haber estado unos meses con él en Colombia. Felix sabe escribir muy bien pero le faltan esas pequeñas palabritas para darle el sabor a la carta. Ayúdale a mejorar su carta. Ojo: hay que traducirlas antes.

Múnich, 8 de enero de 2002

Querido Mario:

primero que todo quiero excusarme por no haberte escrito ninguna carta antes pero he estado ______________ muy ocupado con el colegio y lo ______________ que he hecho es estudiar y estudiar, ______________ salgo con mis amigos. Te he enviado unos correos electrónicos pero ______________ no los has recibido porque no me has contestado. ______________ te envié una tarjeta electrónica para tu cumpleaños pero pienso que no la recibiste tampoco ______________ he decidido escribirte y usar el correo tradicional.

Volverse a acostumbrar a la vida en Alemania con la familia ha sido ______________ difícil. Uno de los ______________ problemas ha sido que mis padres no me permiten salir entre semana y ______________ tampoco el fin de semana. ______________ tienen razón ______________ tengo que levantarme muy temprano pero el fin de semana no. Yo opino que podríamos encontrar algunas ______________ ... pero ellos no hacen ni el más ______________ esfuerzo. En ______________, lo que mis padres ______________ quieren es que tenga las mejores notas y mi ______________ es disfrutar del colegio y de los amigos. Bueno, pero no te escribo para contarte mis problemas sino para agradeceros a ti y a tus padres todo lo que hicisteis por mí y deciros que ______________ tenéis ______________ llamar para venir a visitarnos cuando podáis.

Un abrazo, Felix

wirklich ______________	sogar ______________
Wirklichkeit ______________	größte(r,s) ______________
da, weil ______________	geringste(r,s) ______________
eher ______________	einzig(e) ______________
offensichtlich ______________	deshalb ______________
Ziel, Zweck ______________	beinahe ______________
Alternativen ______________	im Grunde genommen ______________
nur ______________	kaum ______________

Nombre: **Fecha:**

¡No hay atajo sin trabajo!

a) Ponle la tilde o el acento ortográfico según el contexto. Ojo: ¡faltan 10!

1. El señor Ospina quiere que el le mande las cartas y no ella.
2. Hoy he traido todo esto: esta cartera es para ti y esta es para el y este libro es para mi.
3. A ti no te doy nada porque tu eres como mucha gente que sólo piensa en si misma. Si quieres algo cómpralo tu mismo.
4. Ese es tu libro, mi libro lo tiene el.
5. Aquel día tomamos te en tu casa. ¿No te acuerdas?

b) Responde a las preguntas para decir a qué se refiere cada uno de los pronombres subrayados.

1. ¿Quieres mis libros? !Te los presto!

   ¿Qué? los libros ¿A quién? a ti

2. Juan no tiene dinero. Se lo damos.

   ¿Qué? ____________ ¿A quién? ____________

3. Tengo que llevaros a vosotros estas frutas. ¿Os las puedo llevar ahora?

   ¿Qué? ____________ ¿A quién? ____________

4. Simone necesita más dinero. No se lo puedo dar.

   ¿Qué? ____________ ¿A quién? ____________

5. Tengo dolor de cabeza y necesito una aspirina. ¿Me la traes, por favor?

   ¿Qué? ____________ ¿A quién? ____________

6. ¿Les has dicho a tus padres que no vas de vacaciones con ellos este verano ? No, todavía no se lo he dicho.

   ¿Qué? ____________ ¿A quién? ____________

c) Completa el texto. Ojo: faltan cosas que aunque son de máximo cinco letras son muy importantes.

– Lucía, ayer vino ____________ señor Reyes y dijo que quería hablar con ____________ .

* ¿Con ____________ ? ¿ ____________ dijo que quería de ____________ ?

– No, no ____________ ____________ dijo. Pero creo que buscaba ____________ libros?

*¡Ah! Sí claro. ____________ libros de ____________ mujer. Ella ____________ ____________ prestó y ____________ olvidé devolver____________.

Nombre: **Fecha:**

Quien bien oye o lee, bien responde

a) Completa la historia con los pronombres relativos adecuados:

Los hombres ____________________ juegan al tenis son padre e hijo.

La chica ____________________ hijo va a ser el nieto de Alicia y Alfonso se llama Ana.

La afición ____________________ Ana tiene es bailar.

El chico ____________________ Alfonso juega al tenis todos los domingos es su hijo Felipe.

Todos ____________________ no saben que Ana está embarazada viven en la casa de Alicia y Alfonso.

Los padres de Ana ____________________ no saben nada van a ayudarle cuando nazca su hijo.

Ana quiere contarles a sus padres ____________________ no saben.

Felipe de 20 años fue ____________________ primero supo todo.

Ana fue ____________________ le contó todo a Felipe, su hermano.

Ana y Felipe fueron ____________________ les dieron la noticia a sus padres.

Alfonso, ____________________ tiene el doble de la edad de Felipe y dos años menos que su mujer, va a ser abuelo.

b) Ahora llena la tabla con las informaciones recibidas en a).

nombre	aficiones	problema	familia / relaciones familiares	edad
Alfonso			padre de Ana y Felipe	

c) Aparentemente te faltan algunas informaciones para complementar la tabla. Las encuentras abajo, pero primero tú tienes que hacer las preguntas adecuadas.

1. ¿ ____ ?

Alicia es una ex-cantante muy famosa.

2. ¿ ____ ?

A Felipe no le gusta vivir en casa.

3. ¿ ____ ?

Ana tiene 22 años de edad.

Nombre: **Fecha:**

Crucigramática

Responde al siguiente test ***gramatical****. Las respuestas las pones en el* ***crucigrama****.*

Horizontal:

1. Todas las noches voy a la piscina __________ esté lloviendo.
2. Nunca vuelvas a decir __________ cosa en presencia de los niños.
3. __________ teléfono me informaron que costaba 5 Euros __________ persona y __________ tonto pagaste más.
4. ¿ __________ quién fuiste a comer anoche?
5. Aquí no hay __________ que me pueda ayudar.
6. Sonríe, __________ estuvieras contento, sólo para la foto.
7. Ayer fui a visitar __________ Juan __________ la clínica __________ las 3 de la tarde.
8. No voy a tu fiesta ni con Oscar ni con Juan __________ con Mario, ¿está bien?
9. Mi vida no tiene sentido __________ ti.
10. ¿Cuál te traigo? * __________.
11. __________ día me lo encontré, por casualidad, en un café de la ciudad.
12. ¿ __________ qué hablas?
13. El lunes __________ el martes te traigo tu libro.

Vertical:

1. __________ mañana necesito mucho dinero __________ comprar los regalos __________ ti.
2. Quiere saber __________ vienes __________ tienes tiempo.
3. __________ de los hoteles de la lista me gustan.
4. El autobús para __________ 15 minutos.
5. Tengo ganas de comer __________ no tengo nada en casa.
6. Espero __________ vengas pronto a verme.
7. Puedes venir con Juan __________ Oscar. Como quieras.
8. Él __________ me trajó las flores el día de mi cumpleaños.
9. Cambiando de tema, es decir, hablando de __________, ¿qué tal tu familia?
10. Claudia __________ Ingrid son hermanas.
11. Pasaron __________ días antes de que viniera a hablar conmigo.

Nombre: **Fecha:**

No te acostarás sin saber una cosa más

a) Lee las frases y corrígelas. En cada frase puedes cambiar, aumentar o quitar una letra o un acento.

1. ¿Tienes algun libro para aprender alemán o inglés?
2. Sí, ahí están todos; puedes tomar cualquier.
3. Pero es que no conozco ningun.
4. Pues, te recomiendo éste u éste.
5. No, creo que me llevo uno para aprender alemán hoy y inglés la próxima vez.
6. De inglés no tengo ningun.
7. ¿Y ese?
8. Ah, es el libro de amigo de María.
9. ¿Puedes preguntarle a amigo de María si lo puedo tomar prestado?
10. Bueno, yo se la pregunto y te lo digo.

b) Mezcla las palabras de las tres cajas, forma nuevas expresiones de dos a tres palabras y tradúcelas. Ojo: No puedes tomar dos de la misma caja para formar una pero puedes usarlas todas varias veces.

mezcla de palabras	traducción

c) Relaciona las frases inconclusas de la columna izquierda con una de la derecha. Ojo: puede haber más de una respuesta. No tienes que usar todas las posibilidades de la columna derecha y una respuesta la puedes utilzar varias veces, siempre y cuando tenga sentido.

1. No entres a la oficina **mientras**
2. Te vas a sentir mucho mejor **cuando**
3. Mañana, si no estoy, entras **aunque**
4. **Mientras** Juan trabaja
5. Puedes venir a mi casa **sin que**
6. No toques **a menos que**
7. Te regalo este collar **para que**
8. No voy a darte dulces **por más que**
9. Vas a comer **hasta que**
10. Puedes quedarte en mi casa **siempre y cuando**
11. Siempre vas a su casa **cuando**
12. Tómate este medicamento **en caso de que**
13. ¡Sigues con dolor de estómago! y comes dulces **aunque**
14. No vas a solucionar tus problemas por **mucho que**

a) tú duermas
b) tú duermes
c) esté cerrada la puerta
d) está cerrada la puerta
e) te invite
f) te invita
g) grites
h) gritas
i) te lo pongas
j) te lo pones
k) te duela el estómago
l) te duele el estómago

Nombre: **Fecha:**

A la tierra que fueres, di lo que oyeres

Un latinoamericano está hablando con un español. El español cree entender el sentido de la conversación y responde. ¿Quién habla con quién? Relaciona los dos bocadillos correspondientes y explícale al español lo que dijo el latinoamericano y al latinoamericano lo que entendió el español.

1. ¡Mira, el mono está parado!

a) Pues mira en España los hay en todos los supermercados y los puedes usar. No tienes que comprarlos.

Explicación para el español: ____________________

____

Explicación para el latinoamericano: ____________________

____

2. ¿Me acompañas mañana a botar?

b) Pero, claro los monos no trabajan....

Explicación para el español: ____________________

____

Explicación para el latinoamericano: ____________________

____

3. Qué horror no tengo plata ni fósforos....

c) Pues, yo en casa tampoco. Uno es muy inflamable y prefiero el oro...

Explicación para el español: ____________________

____

Explicación para el latinoamericano: ____________________

____

4. Estoy ahorrando para comprarme un carrito...

d) Las elecciones son en dos meses y no mañana....

Explicación para el español: ____________________

____

Explicación para el latinoamericano: ____________________

____

Nombre: ____________________ Fecha: ____________________

El que nada no se ahoga

a) Aquí tienes una lista de palabras que se usan en Latinoamérica. Encuéntralas, sepáralas y ordénalas en la categoría según su significado.

peraenconcretofrijolesdamascosacotacosencillocombinacióndurazonopapabomba playachapatránsitocelularplata

cuerpo	economía	comida	medios de communicación	ropa	medios de transporte

b) Relaciona una palabra latinoamericana con una española y di cuál es cual.

a) ~~apurarse~~
b) chévere
c) enfadado
d) cobija
e) ananás
f) ~~darse prisa~~
g) jalar
h) sanguche
i) estropeado
j) enojado
k) lentes
l) lindo
m) pijama
n) piña
o) bonito
p) tirar
q) manta
r) dañado
s) formidable
t) piyama
u) bocadillo
v) gafas

latinoamericanas	españolas
a) apurarse	f) darse prisa

Nombre: Fecha:

A buen entendedor, pocas palabras

a) Aquí tienes ejercicios con títulos de las páginas de este libro que son refranes o proverbios originales o modificados. Relaciona la columna izquierda con la derecha para completar los refranes y busca un equivalente alemán.

1. El que busca	a. lo cura todo.
2. El tiempo	b. el tiempo.
3. La esperanza es	c. trabajo.
4. Más vale algo que	d. encuentra.
5. No hay atajo sin	e. la regla.
6. La excepción hace	f. nada.
7. Matar	g. una cosa más.
8. No te acostarás sin saber	h. dos por dos son cuatro.
9. Quien no siembra,	i. lo último que se pierde.
10. Tan seguro como	j. no cosecha.

1. ______________________________
2. ______________________________
3. ______________________________
4. ______________________________
5. ______________________________
6. ______________________________
7. ______________________________
8. ______________________________
9. ______________________________
10. ______________________________

b) Aquí tienes unos refranes en alemán. Busca el que le corresponda en español.

1. Da ist etwas im Busch.	a. De noche todos los gatos son pardos.
2. Jedem Tierchen sein Pläsierchen.	b. Entre gusto y gusto no hay disgusto.
3. Den Nagel auf den Kopf treffen.	c. Cada loco con su tema.
4. Er sieht den Wald vor lauter Bäumen nicht.	d. El que no sabe es como el que no ve.
5. Nachts sind alle Katzen grau.	e. Dale al clavo.
6. Über Geschmack lässt sich streiten.	f. Hay gato encerrado.

Nombre: ______________________ Fecha: ______________________

1 Angaben zur Person

¿Quien eres? **KV 1**

a) 1. el hombre • 2. el muchacho • 3. el señor • 4. don • 5. soltero • 6. casado • 7. extranjero • 8. – • 9. viudo • 10. divorciado • 11. –

b) nombre • apellidos • dirección • vive • documento de identidad • pasaporte • casado • años • profesión

¿ De dónde eres? **KV 2**

a) 2. canadiense, inglés y francés • 3. venezolano/a, español • 4. mexicano/a, español • 5. Austria, alemán • 6. Colombia, español • 7. Argentina, español • 8. Inglaterra, inglés • 9. Francia, francés / francesa • 10. italiano/a, italiano • 11. España, español • 12. peruano/a, español • 13. portugués / portuguesa, portugués • 14. paraguayo/a, español • 15. suizo/a, alemán/francés/italiano • 16. Estados Unidos, inglés • 17. Guatemala, español • 18. ecuatoriano/a • 19. boliviano/a, español

b) 1. Venezuela • 2. México • 3. Colombia • 4. Argentina • 5. Perú • 6. Paraguay • 7. Guatemala • 8. Ecuador • 9. Bolivia • nombre del país buscado: Nicaragua

2 Der menschliche Körper

¡Qué cuerpo! **KV 3**

a) 1. dedo • 2. pelo • 3. cabeza • 4. espalda • 5. dientes • 6. corazón • 7. mano • 8. pierna • 9. lengua • 10. ojo • Respuesta: el estómago

b) ojo • piel • cara • boca • brazo • hueso • pecho • oreja • muela • cuerpo • frente • sangre • corporal • estómago

El amor, la vida y otros problemas **KV 4**

a) chica • enamorados • se besan • íntimas • quieren • nace • bebé • niño

b) oler • el beso • morir • la vida

c) 1. el frío • 2. la vida • 3. blando • 4. jóvenes • 5. el ruido • 6. dulces • 7. frío • 8. morir • 9. los chicos • 10. muerta

Cosas de todos los días **KV 5**

a) se levanta • enciende • se ducha • se limpia los dientes • Apaga • sale • Entra • prisa • Corre • coge • llega • regresa/vuelve • Llega • se acuesta • duerme • sueña

b) bajito • feo • cansado • blanco • gordo

c) 1. toalla • 2. máquina de afeitar • 3. champú • 4. jabón • 5. peine • 6. crema para el sol

Tu cuerpo te necesita y tú necesitas tu cuerpo **KV 6**

2. ojos • 3. lengua • 4. oídos • 5. dedos • 6. boca, dientes • 7. cerebro • 8. caderas • 9. pulmones • 10. arterias y venas • 11. manos • 12. labios • 13. uñas • 14. hígado
Quedan las cinco vocales: a, e, i, o, u.

o	c	o	b	h	í	g	a	d	o	o	o	u
a	e	l	o	o	u	o	p	o	o	a	í	ñ
r	r	e	c	i	o	i	u	o	a	o	d	a
t	e	n	a	r	i	z	l	a	b	i	o	s
e	b	g	e	u	e	u	m	a	n	o	s	a
r	r	u	o	j	o	s	o	i	i	u	ó	o
i	o	a	u	e	e	u	n	e	a	e	i	o
a	d	e	d	o	s	v	e	n	a	s	u	i
s	d	i	e	n	t	e	s	e	a	i	i	u
c	a	d	e	r	a	s	e	o	u	o	a	o

3 Gesundheit und Medizin

Detecta el virus **KV 7**

2. receta: La receta la da el médico para ir a la farmacia por las medicinas. Las otras tres son cosas que se compran en la farmacia.
3. ¡Qué se mejore!: No es una pregunta sino un deseo y las otras tres se pueden usar cuando alguien no está enfermo.
4. farmacia: La farmacia es un sitio donde no hay un médico y venden medicamentos y las otras tres son lugares/sitios para examinar una enfermedad.
5. enfermero: El enfermero es una persona que trabaja, por ejemplo, en una clínica. Las otras tres son cosas que se hacen normalmente en una clínica.
6. dolor: El dolor es el único sustantivo. Los otros tres son adjetivos.
7. médica: Médica es la única palabra que tiene una forma masculina diferente: médico.

Inglés, alemán, español ... todo te ayuda **KV 8**

a) (posible pista, traducción) • Alkohol, Alkohol • suffer, leiden • Grippe, Grippe • frío, Erkältung • Droge, sich berauschen • prevent, vorbeugen • Tabak, Tabak • mar, seekrank/schwindlig • Fieber, Fieber • vomit, (er)brechen • Zigarette, Zigarette • cancer, Krebs • Kur, heilen • treat (ment), behandeln

b) toser • fumador • cenicero • drogarse • resfriarte • herido / a

No te desmayes que no es tan difícil **KV 9**

a) 2. anestesia • 3. pus • 4. urgencias • 5. cojo • 6. cicatriz • 7. quemar • 8. loco • 9. ciego • 10. sordo • 11. contagio • 12. pomada • Pregunta clave: especialista

b) Heroin • Dealer / Drogenhändler • Koks / Kokain • Haschisch • Joint

4 Psyche, Geist, Verhalten

El subjuntivo y las preposiciones ... **KV 10**

a) 2. A Juan le gusta jugar al fútbol.
3. María cree que Juan va a la fiesta.
4. Siento no poder ir al cine.
5. Pedro y Ana no creen que Luis tenga tiempo esta noche.
6. Dudo que Luis venga a la fiesta.
7. Pedro y Luis están contentos de que Juan juegue al fútbol también.
8. Juan se alegra de jugar al fútbol mañana.
9. Ana siente que Juan no vaya a la fiesta ni al cine.
10. Pedro, Luis y Juan no piensan salir con María y Ana.
11. Ellas tienen ganas de conocer a otros chicos más simpáticos.
12. A ellas no les gusta jugar al fútbol, pero bailar.

b) 1. b • 2. b • 3. a • 4. c • 5. c • 6. b

La esperanza es lo último que se pierde **KV 11**

a) 1. Estoy • 2. ponen • 3. dado • 4. tienes • 5. tenemos • 6. tienes • 7. Tengo 8. hace • 9. dan • 10. da • 11. tiene • 12. Tengo • 13. tiene • 14. dado

b) triste • vergüenza • desilusionado • envidioso • desesperado • alegre • felicidad / alegría • intranquilos • idea • enfadado

Carácter y reacciones **KV 12**

a) respuesta: buenos amigos
respuesta: comportarse

amable
puntual
divertido
ordenado
responsable
gracioso
simpático
inteligente
generoso
correcto

cruel
violento
malo
perezoso
bruto
irresponsable

b) 1. a • 2. a • 3. b • 4. c • 5. c • 6. c • 7. c • 8. a

Cada sustantivo con su adjetivo **KV 13**

amabilidad, Freundlichkeit • atención, Aufmerksamkeit • gracia, Witz / Grazie • curiosidad, Neugier • tontería, Dummheit / Lappalie • violencia, Gewalt • inteligencia, Verstand / Klugheit / Intelligenz • interés, Interesse • decisión, Entscheidung / Entschluss • permiso, Erlaubnis • ingnorancia, Unwissenheit / Unkenntnis / Ignoranz • prohibición, Verbot • habilidad, Geschick / Geschicklichkeit • capacidad, Fähigkeit • cuidado, Vorsicht • bondad, Güte • abandono, Vernachlässigung • competencia, Kompetenz / Zuständigkeit • malicia, Böswilligkeit / List • responsabilidad, Verantwortung

-oso,a : gracioso,a • curioso,a • cuidadoso,a
-ado,a / ido,a: interesado,a • decidido,a • permitido,a • prohibido,a • abandonado,a
-able: amable • responsable
-nte: ignorante • inteligente • competente
otros: atento • tonto,a • violento,a • hábil • capaz • bueno • malo

5 Einkaufen, Ernährung, Kleidung

Hay que saber comprar **KV 14**

a) Blanca: Hola Victoria.
Victoria: Voy de compras al centro comercial, ¿quieres venir?
Blanca: Pero muchas tiendas están cerradas ya.
Victoria : Sí pero el supermercado no cierra al mediodía.
Blanca: Yo nunca compro en el supermercado.
Victoria: ¿Dónde compras tú?
Blanca : En el mercado la verdura, en la carnicería la carne, en la pescadería el pescado y las otras cosas en la tienda de la esquina.
Victoria : A mí me gusta comprar en el supermercado porque encuentro todo y tienen buenos precios.
Blanca : Entonces, vamos. ¿Quieres comer algo antes ? Yo tengo mucha hambre.
Victoria: Yo no, en mi casa la comida es a las dos, así que yo sólo voy a tomar un cortado.
Blanca: Muy bien

b) cliente = c, vendedor = v
2. c • 3. c • 4. c • 5. v • 6. c • 7. c • 8. v • 9. c • 10. v • 11. c • 12. v • 13. c • 14. c

¡Qué hambre! **KV 15**

Primer plato • Sopa de arroz • 1 litro de sopa de pollo • 1/4 libra de arroz • 1 yogur • 50 gramos de harina • 1 huevo • 45 gramos de mantequilla • sal

Segundo plato • Tortilla de atún • 4 huevos • 50 gramos de atún • 100 mililitros de aceite • sal

Postre • Tarta de manzana • 200 gramos de harina • 100 gramos de mantequilla blanda • 50 mililitros de aceite • 50 gramos de azúcar • un poco de sal • 1/2 de litro de agua • 1/2 kilo de manzanas • 25 gramos de azúcar • 20 gramos de mantequilla • 1/8 litro de zumo de limón

ingredientes que has comprado mal: 1 kilo de patatas y 1/2 kilo de naranjas

¿Quién será? **KV 16**

1. El hombre lleva jersey, tejanos, botas, sombrero, anillo, un pendiente y gafas de sol. • 2. La mujer lleva blusa, falda, sandalias, bolso, reloj y collar de perlas. • 3. El hombre lleva camisa, tejanos, botas, guantes, cadena y gafas de sol. • 4. La mujer lleva vestido, abrigo, bolso, sandalias, anillo y paraguas. • 5. El hombre lleva jersey, tejanos con manchas, botas, sombrero y paraguas.

A ordenar las ideas y las palabras **KV 17**

a) 2. pedir, servir, beber • 3. lavar, planchar, ponerse • 4. comprar, cocinar, comer • 5. desayunar, almorzar, comer • 6. sed, bebida, beber • 7. calentar, hervir, quemar • 8. poco hecho, medio hecho, muy hecho • 9. el menú, la cuenta, la propina • 10. el aperitivo, la ración, el postre • 11. vestirse, llevar, desnudarse • 12. lavadora, secadora, plancha

b) Mindmap

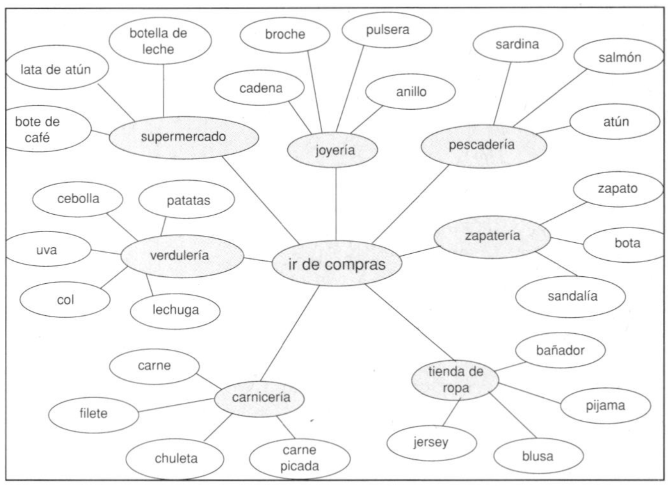

6 Wohnen

Dale al clavo **KV 18**

a) 1. b • 2. d • 3. g • 4. e • 5. a • 6. c • 7. f

b) 1. terraza • 2. escalera • 3. arena • 4. ventana • 5. balcón • 6. grifo • 7. jardín • 8. garaje

c) 1 c: El cemento y la arena se utilizan en/son materiales de la construcción de edificios. • 2 e: Para cerrar o abrir un tornillo se necesita un desatornillador. • 3 g: Las dos son lugares para entrar o salir de un sitio. • 4 h: Cuando una bombilla no funciona se dice que se fundió. • 5 f: El material de las ventanas por lo general es el cristal (o vidrio). • 6 a: Para clavar un clavo se necesita un martillo. • 8 b: Las dos son cuando uno cambia de vivienda.

¡Qué desorden! **KV 19**

a) En el dormitorio hay una cama y un armario. • En la puerta hay un cierre. • En el comedor hay una mesa y unas sillas. • En la sala hay un sillón y un sofá. • En la cocina hay una cocina de gas y una nevera. • En el baño hay una ducha y un lavabo.

b) 1. platos • 2. escoba • 3. basura • 4. espejo • 5. polvo • 6. lámpara • 7. arreglar • 8. perchero

La arquitectura de las palabras **KV 20**

a) entrada, entrar • construcción, construir • vivienda, vivir • limpiacristales, limpiar+cristales • cerradura, cerrar • bañera, bañar • abrebotellas, abrir+botellas • florero, flor • amueblar, mueble • despertador, despertar(se) • papelera, papel • recibidor, recibir • lavavajillas, lavar+vajillas • abrelatas, abrir+latas • fregadero, fregar • sacacorchos, sacar+corchos • portería, puerta

b) florero, jarrón • wáter, lavabo • sillón, butaca • nevera, frigorífico • planta, piso • pilar, columna • cazuela, puchero • propietario,a, dueño,a

c) 2. escalón, escalera • 3. cuna, cama • 4. casa, hogar • 5. portal, puerta • 6. ático, sótano • 7. papelera, cubo de la basura

7 Privatleben, Soziale Beziehungen

Cartas y más cartas **KV 21**

Málaga: Hola • amor • padres • abuelos • tía • marido • nuera • hermana • novio • yerno • padres • mujer • hijos
Bogotá: Estimado • bienvenida • cordialmente
Madrid: Querida • presentado • familia • se casa • conocer • familia • recuerdos • abrazo • pronto

Los jóvenes y su lengua **KV 22**

a) 2. Heute Abend werden wir uns mit Freunden treffen. no
3. Marta geht mit einem Idiot, der Null Bock hat und ein Macho ist. sí
4. Was für ein Glück du mit deinem Mädchen hast! sí
5. Beim Empfang waren fast alles Bekannte von uns. no
6. Ausländer müssen die Sprache des Landes, in dem sie leben, lernen, um sich zu integrieren. no
7. Marta ist eine coole Tante. sí
8. Heute Abend werde ich bei Freunden meiner Eltern als Babysitterin arbeiten. sí
9. Hast du gerade den Typ da angemacht? sí

b) 1. compañeros • 2. gente • 3. cita • 4. relación • 5. amiga • 6. en grupo

Un crucigrama **KV 23**

Horizontal: 1. probable • 2. creer • 3. opinión • 4. increíble • 5. poseer • 6. agradecer • 7. horrible • 8. malo • 9. regalo • 10. hermoso 11. seguro • 12. imbécil • 13. mal • 14. fortuna

Vertical: 1. promesa • 2. criticar • 3. preferir • 4. peor • 5. rico • 6. ayudar • 7. engañar • 8. favor • 9. maravilloso • 10. pésimo • 11. pegar

Inglés o español... **KV 24**

(pista posible, traducción) • convenient, conveniente • intimacy, intimidad • indispensable, indispensable • member, miembro • incomprehensible, incomprensible • pobre, pobreza • ridiculous , ridículo • prosperity, prosperidad • obligate/oblige, obligar • merit, mérito • possession, posesión • possess, poseer • arbitrary, arbitrario • conclusion, conclusión • error, error • intolerant, intolerante • dificulty, dificultad • preferible/prefer(able), preferir • excuse, excusar • interesting, interesante • influence, influencia • famous, famoso • agreeable, agradable • society, sociedad • generation, generación • tú, tutear • divorce, divorcio

8 Erziehung, Schule, Universität

Sí-la-bas **KV 25**

1. te-ma • 2. con-tar • 3. fal-tas • 4. co-le-gio • 5. me-mo-ria • 6. es-cue-la • 7. sig-ni-fi-car • 8. so-lu-ci-ón • 9. e-jer-ci-cios • 10. e-du-ca-ci-ón • 11. a-nal-fa-be-tis-mo • 12. jar-dín-de-in-fan-cia

Una carta **KV 26**

examen oral • examen escrito • aprobar • examen oral • examen • nota • aprobar • exámenes • admisión • universidad • estudiar • alumnos • uniforme • obligatorio • tareas • asignaturas • biología • matemáticas • química • física • historia • gimnasia • lenguas • inglés • francés • alemán • notas • bachillerato • director • directora • maestra • maestro • asignatura • recreos • evaluación • cuadernos • biblioteca

Apuntes para un curriculum vitae **KV 27**

3 • 21 • 12 • 4 • 10 • 9 • 1 • 15 • 6 • 13 • 16 • 2 • 18 • 17 • 8 • 11 • 5 • 19 • 7 • 20 • 14

Seguir adelante **KV 28**

a) investigación: científico • investigar • laboratorio • fórmula • estadística

escuela: colegio • escolar • obligatorio • bachillerato • recreo

universidad: carrera • cátedra • catedrático • lector,a • licenciado,a • universitario • doctorado • crédito • comedor universitario • beca

examen: aprender de memoria • solución • sencillo • evaluación • nota • corregir • examinarse • aprobar • escrito • oral • dictado • traducción • fácil • difícil • oposiciones

b) doctorarse, el doctorado • apuntar, los apuntes • matricularse, la matrícula • traducir, la traducción • enseñar, la enseñanza • estudiar, el/la estudiante/los estudios • investigar, la investigación • examinarse, el examen

9 Berufs- und Arbeitswelt

Cada cosa en su lugar **KV 29**

a) Wergzeugkiste: 1. llave • 2. clavo • 3. tornillo • 4. destornillador • 5. tenazas • 6. alicates • 7. martillo

Baustelle: 1. pico • 2. pala • 3. cincel • 4. rastrillo • 5. laya

b) 1 h: h es una parte de 1 • 3 e: e es una parte de 3 • 4 b: b es una abreviatura • 5 f: en 5 venden f • 6 c: c es otra palabra para 6 • 7 d: 7 hace d • 8 g: g es la palabra para 8 en Hispanoamérica

¡Profesionaliza tus profesiones! **KV 30**

a) 1. panadero,a • 2. pastelero,a • 3. carnicero,a • 4. jardinero,a • 5. zapatero,a • 6. peluquero,a
respuesta: Todas las terminaciones terminan en –ero, –era

b) 1. enfermero,a • 2. joyero,a • 3. relojero,a

c) ista: dentista • electricista • ario,a: funcionario,a • secretario,a • ico,a: médico,a • mecánico,a

d) 1. especializarse • 2. trabajar • 3. despedir • 4. aprender • 5. conocer

O vocales o consonantes **KV 31**

1. turno • 2. campo de la medicina • 3. laborable • 4. linterna • 5. cola • 6. agenda • 7. veterinario • 8. intérprete • 9. navaja • 10. compás • 11. calculadora • 12. ferretería • 13. red • 14. sello •

15. borrar • 16. limpiabotas • 17. jornal • 18. subsidio de paro • 19. temporero • 20. huelga • 21. cinta continua

10 Freizeit, Unterhaltung, Sport, Spiel

¡Primero la diversión! KV 32

a) 1. colección, juego de cartas, jugar a las muñecas, coleccionar, jugar a las cartas, entreteners e • 2. baile, juego de cartas, muñecas, fotografía, bailar, jugar a las cartas, jugar a las muñecas, sacar fotos/fotografías, salir, pasear • 3. baile, salto de altura, natación, fútbol, tenis, deporte, futin, bailar, saltar de altura, nadar, jugar al fútbol, jugar al tenis, practicar deporte, hacer futin, lanzar, boxear, esquiar, remar

b) 2. d • 3. a • 4. c • 5. h • 6. e • 7. f • 8. g

¡España en fiesta! KV 33

pieza • espectáculo • película • películas • taquilla • cola • cumpleaños • tradicionales • Patrono • Patrona • Fallas • celebra • San Fermín • corridas de toros • novilladas • Navidad • Reyes Magos • Nochebuena • costumbre • Nochevieja • tradición • proseciones

Calendario: enero: Reyes Magos • marzo: Las Fallas • abril: Semana Santa • junio: San Juan • julio: San Fermín/los Sanfermines • diciembre: Navidad/ Nochebuena / Nochevieja

El que busca encuentra KV 34

En los cuadros 1A–C y 2A–C, hay una/está la plaza de toros.
En los cuadros 2A y 2B hay un/está el toro.
En el cuadro 2B hay unas/están las banderillas, hay un/está el torero y hay una/está la muleta
En los cuadros 1D, 1E hay un/está el estadio.
En el cuadro 1D hay una/está la portería, un/el portero y un/el balón y se ve que el partido de fútbol está empatado.
En los cuadros 1D y 1E hay unos/están los jugadores.
En el cuadro 3B hay unos niños que están patinando con patines en línea.
En los cuadros 2D, 2E, 3D y 3E hay una persona que está haciendo equitación/montando a caballo.
En los cuadros 3B–E y 4B–D hay un/está el circo.
En los cuadros 3A–B y 4A–B hay un/está el payaso.
En el cuadro 4B hay una persona con una cámara sacando fotos.
En los cuadros 4D y 4E hay un ciclista.
En los cuadros 5A–B y 6A–D hay un/está el lago.
En el cuadro 5A hay un señor en un velero navegando a vela.
En el cuadro 6A hay un señor que está haciendo surf.
En el cuadro 5B hay una persona que está buceando.
En el cuadro 6B hay un señor que está remando.
En el cuadro 6C hay una persona que está nadando.
En el cuadro 4C hay dos niños que están jugando y corriendo.
En los cuadros 4D y 5D hay un señor que está jugando al golf.
En los cuadros 5C y 5D hay otro/un ciclista.
En los cuadros 6D y 6E hay unos niños que están jugando a la rayuela.

El que no sabe es como el que no ve KV 35

a) prospecto + equipaje = recuerdo • b) ficha + maleta = hotel • c) frontera + pasaporte = forastero • d) llegada + salida = aduana

¿Quién habla con quién? KV 36

Deletréeme su apellido. Como zapato pero con a al final: z-a-p-a-t-a. • ¿Ustedes tienen reserva? Sí, claro que hemos reservado, para una semana. • ¿Y dónde está situado? En el centro cerca de la catedral y el palacio. • Está todo ocupado, señor, lo siento ... Entonces podría decirme si hay otro hotel recomendable ... • Quisiéramos desayunar y cenar en el hotel. ¿Es posible? Claro que sí. Tenemos media pensión y pensión completa. • Necesitamos dos habitaciones dobles y una individual ...Tenemos una pensión situada cerca del alcázar ...

¡Qué locura! KV 37

a) Hotel Rosa Roja: Un hotel en el centro de Madrid. Para disfrutar de un panorama con museos, catedrales y visitantes. 200 habitaciones: 150 dobles y 50 individuales. Confort: Mozo recepcionista 24 horas al día, 2 ascensores. Temporada alta 200 Euros. Temporada baja: 170 Euros.

Agroturismo: Un alojamiento confortable para una estancia tranquila en el campo. Precio: temporada alta: 100 Euros. Temporada baja: 80 Euros.

Camping Altamira: Abierto de mayo a octubre. Precio: 50 Euros, coche o caravana incluidos. Huéspedes con tienda de campaña o caravana bienvenidos.

Albergue juvenil: Alojamiento para jóvenes, situado al lado del Alcázar. Es necesario reservar dos semanas antes. Precio: 15 Euros.

b) el camping: Zelt-, Campingplatz • el/la guía: Reiseleiter(in); la guía: Reiseführer (Buch) • el/la turista: Tourist(in) • el panorama: Panorama • el mapa: Land-, Straßenkarten • la aventura: Abenteuer • la ruta: Strecke • la fuente: Springbrunne, Quelle • el estanque: Teich • el autostop: Autostopp • la catedral: Kathedrale • el confort: Komfort, Bequemlichkeit

c) vacaciones, Ferien/Urlaub • visitar, besuchen/besichtigen • anular, annullieren/stornieren • contemplar, betrachten • estrella, Stern • huésped, Gast • fuente, Springbrunnen/Quelle • castillo, Burg / Schloss

12 Bildende Kunst, Musik und Literatur

El arte de aprender vocabulario KV 38

a) pintar, pintor, pintora, pintura • cultural, cultura, escultura, escultora, escultor • cinta, canta, cantan, cantante

b) galería: arte • artista • crítico,a • dibujar • exponer • exposición • escultor,a • pintar • pintor,a •
magnetófono: compact disc • casete • cinta • grabar • grabación • tocadiscos
concierto: banda • canción • cantante • cantar • guitarra • instrumento • música • músico,a • piano • tocar
literatura: autor,a • comedia • comienzo • crítica • cuento • escribir • escritor,a • final • poema • tragedia •

13 Geschichte, Religion

Crucitraducción y otras cositas KV 40

a) horizontales: 1. descubrimiento • 2. historia • 3. iglesia • 4. pastor • 5. imperio • 6. alma • 7. creer • 8. época • 9. misa• 10. diablo
Verticales: 1. judío• 2. san • 3. cristiano• 4. cura • 5. reina• 6. mora• 7. ateo• 8. pecar• 9. ibérico• 10. noble

b)1 c V • 2 d II • 3 a I • 4 e III • 5 b IV

A conquistar el vocabulario KV 41

a) emperatriz, Kaiser(in) • rey, König(in) • noble, Adlige(r) • moro, Maure / Maurin • budista, Budhist(in) • musulmán, Muslim(in) • condesa, Graf / Gräfin • marquesa, Marquis / Marquise • ---Apostel • judía, Jude / Jüdin • ---Pfarrer, Geistlicher • sacerdotisa, Priester(in) • santa, Heilige(r) • cristiano, Christ(in) • duquesa, Herzog(in) • historiadora, Historiker(in) • esclava, Sklave / Sklavin • ---Bischof • monja, Mönch, Nonne • creyente, Gläubige(r) • diosa, Gott / Göttin

b) diablo: Es rojo y negro. No vive en el cielo. No es bueno. • religión: El catolicismo, el protestantismo, son dos ejemplos. • apóstol: El singular de los hombres que acompañaron al hijo de Dios. • rezar: Lo que hace la gente que cree en Dios. Lo puede hacer solo o en grupo. Se hace para agradecer o pedir algo a Dios, por ejemplo. • limosma: Es lo que se les da a las personas que no tienen nada o casi nada aunque no trabajen ni vendan nada. • reino: Lugar en el que sus habitantes tienen que hacer lo que dice una persona que los gobierna, pero no es un dictador y tiene algo de oro en la cabeza para saber que él es el que da las órdenes. • carabela: Algo usado en 1492 para viajar por el mar. Cristóbal Colón lo usó también. • creación: Todo lo que hizo Dios está escrito. Esto también. Sin esto no habría animales, ni plantas, ni vida, ni nada.

14 Staat, Gesellschaft, Politik

El que sabe, sabe y el que no que aprenda — KV 42

a) 1. una monarquía parlamentaria • 2. la igualdad de derechos • 3. el Parlamento • 4. un dictador • 5. una democracia • 6. la reunificación • 7. la mayoría de votos en las elecciones • 8. constitucional • 9. revolucionarios mexicanos • 10. las Diputaciones • 11. Guerra Civil

b) 2. g • 3. a • 4. c • 5. b • 6. f • 7. e

c) 1. defienden • 2. juzgan • 3. acusan • 4. detuvieron • 5. se escaparon • 6. luchan • 7. confesaron • 8. condenan

España en el mundo — KV 43

a) Comunidades Autónomas • provincias • Comunidad • provincias • Madrid • unidad política • español • catalán • gallego • vasco • Naciones Unidas • Unión Europea • desarrollo

b) 1. País Vasco • 2. Cantabria • 3. Cataluña • 4. Asturias • 5. Galicia • 6. Madrid • 7. Castilla-León • 8. Murcia • 9. Andalucía • 10. Rioja • 11. Extremadura • 12. Navarra • 13. Canarias • Aragón

Cada palabra en su lugar... — KV 44

1. Cuando dos personas o dos países no están en guerra. – paz
2. La persona que le hace mal a otro. – enemigo
3. Grupo militar que utiliza los aviones para la guerra. – aviación
4. Un instrumento o una máquina para atacar o defenderse. – arma
5. La persona que sobrevive algún accidente. – superviviente
6. Luchar por algo que se cree o se quiere. – defender
7. Irse de prisa para no sufrir ningún mal. – huir
8. La persona que sufre por causas externas o internas. – víctima
9. Lo que ganan los que ganan una guerra. – victoria
10. Un grupo de gente que lucha con armas por su país. – ejército
11. La ciudad, el pueblo o el país donde ha nacido una persona. – patria
12. Un militar sin título. – soldado
13. Hacer que una cosa no funcione más. – destruir
14. Conjunto de barcos de una Nación que sirven para la guerra. – marina
15. Quitar las armas a una persona o a un ejército. – desarme

No aprendas mañana... — KV 45

a) extremeño,a • fascista • político,a • votante • embajador,a • patriota • comunista • cónsul, consulesa • agresor,a • policía • dictador,a • soldado,a • terrorista • manchego,a • revolucionario,a • manifestante • progresista • asturiano,a • demócrata • senador,a • comisario,a

b) tortura, destrucción, represión • estallar, disparar, explotar • caudillo, líder, héroe • fusil, pistola, metralleta • fiscal, hacienda, burocracia • campaña electoral, papeleta de voto, favorito • legalizar, autorizar, permitir • vigilancia, espía, observar • castigo, juicio, sentencia

15 Wirtschaft und Geschäftsleben

Quien no siembra, no cosecha — KV 46

a) mina, minero, minera • pez, pesca, pescar, pescado, pescador, pescadora • artesano, artesana, artesanal, artesanía • agrícola, agricultor, agricultora, agricultura • campo, campesino, campesina • industria, industrial • producir, producto • fábrica, fabricar • labrar, labrador, labradora • cultivo, cultivar

b) 1. a • 2. c • 3. b f • 4. b

¡A trabajar! — KV 47

a 5 • b 7 • c 1 • d 8 • e 9 • f 13 • g 11 • h 6 • i 10 • j 12 • k 2

Cada loco con su tema — KV 48

a) 1. c • 2. b • 3. c • 4. c • 5. c • 6. b • 7. b • 8. a

b) 1. por • 2. para • 3. en • 4. en • 5. de • 6. al • 7. a

Las palabras no cuestan — KV 49

a) 1. sí/no • 2. peso • 3. granja • 4. sucursal • 5. orfebrería • 6. contabilidad • 7. asesora fiscal • 8. cartilla de ahorro • 9. talonario de cheques • 10. precio de venta al público • 11. sociedad anónima • 12. industrializar • 13. marco alemán • 14. accionista • 15. cancelar • 16. escala • 17. viña • 18. DM

b) 1. económico • 2. pescado • 3. fundada • 4. pagué • 5. compañía • 6. un pedido • 7. viajante • 8. valor

A ver si te acuerdas — KV 50

1. interés • 2. fundió • 3. recoger • 4. galerías • 5. tensión • 6. duro • 7. compañía • 8. tensión • 9. fundió • 10. dirección • 11. galerías • 12. explota • 13. competencia • 14. explota • 15. montan • 16. montan • 17. arreglar • 18. competencia • 19. arreglar • 20. compañía • 21. cuenta • 22. recoger • 23. dirección • 24. cuenta • 25. duro • 26. interés

16 Kommunikation und Massenmedien

¿Qué tipo de comunicación necesitas? — KV 51+52

Hasta 4 puntos: código postal • código postal • correos • sellos • sellos • buzón • avión • urgente
De 5 a 7 puntos: teléfono • cabina telefónica • tarjeta telefónica • móvil • Marca • contestador automático • mensaje • comunicando
De 8 a 11 puntos: ordenador • teclado • pantalla • ratón • dirección electrónica • almacenar • impresora
Más de 11 puntos: periódico • diario • anuncios • artículos • noticias • radio • emisora • emiten • noticias • publicidad • televisor • noticias • publicidad

Muchos son los llamados... — KV 53

palabra que no pertenece / tema general: 1. serie / teléfono • 2. antena / editorial • 3. pasos / correos • 4. prefijo / correos • 6. telenovela / radio • 7. teletexto / editorial • 8. telegrama / televisión • 9. impreso / teléfono • 10. zapear / editorial • 11. oyente / televisión • 12. rodar / radio • 13. localizar / correos • 14. apartado / teléfono • 15. destinatario / teléfono • 16. videoconferencia / editorial • 17. télex / televisión • 18. espectador / editorial

Las cosas no son del dueño... KV 54

a) inglés: 1 • 2 • 5 • 7 • 8 • 11 • 18
español: 3 • 4 • 6 • 9 • 10 • 12 • 13 • 14 • 15 • 16 • 17 • 19 • 20

b) 1. bajar / S. 119 hinuntergehen, S. 352 sinken, fallen, niedriger werden / herunterladen • 2. red / S. 170 (Fischer)Netz / Netz(werk) • 3. ratón / S. 297 Maus / Maus • 4. enlace / S. 276 Verbindung (Verkehrsmittel) / Verbindung • 5. buscador / S. 38 buscar: suchen / Suchmaschine • 6. cargar / S. 338 (be)laden, (be)lasten, aufladen / laden • 7. salvapantallas / S. 75 retten, S.188 (Kino-)Leinwand, Bildschirm / Bildschirmschoner • 8. memoria / S. 160 de memoria: auswendig / Speicher • 9. navegar / S. 277 zur See fahren, fahren, segeln / surfen • 10. ventana / S. 120 Fenster (im Haus) / Fenster • 11. picar / S. 123 auftemmen, hacken, S. 295 picken, stechen / eingeben, tippen • 12. puerto / S. 275 Hafen, S. 282 (Gebirgs-)Pass / Anschluss, Schnittstelle, Port • 13. engancharse / S. 142 sich betrinken, abhängig weden / sich aufhängen, abstürzen

17 Öffentliches Verkehrswesen

Más vale la seguridad que la policía KV 55

1. Una peatona atraviesa la calle cuando el semáforo de peatones está en rojo.
2. El que va en moto(cicleta) no lleva casco.
3. El ciclista, que está en la gasolinera, quiere ponerle gasolina a su bici(cleta).
4. El conductor del camión ha atropellado a un niño.
5. Hay un coche que tuerce / gira a la derecha donde sólo se puede seguir todo recto.
6. Un coche adelanta a un camión con tráfico de frente.
7. La persona que va en el coche grande no lleva cinturón de seguridad.
8. El camión no tiene reposacabezas.
9. Dos coches han chocado.
10. Un peatón atraviesa / cruza la calle / avenida en una curva (peligrosa) y sin semáforo de peatones.
11. Un coche tiene las/dos ruedas pinchadas.

El que no corre, vuela KV 56

1. parada • 2. vuelta • 3. taxi • 4. horario • 5. billete • 6. bonobús • 7. pasaje • respuesta clave: autobús
8. estación • 9. ferrocarril • 10. reserva • 11. andén • respuesta clave: tren
12. azafata • 13. volar • 14. aterrizar • 15. aeropuerto • 16. comandante • 17. aéreo • 18. despegar • respuesta clave: aviones
19. embarcarse • 20. pasajeros • 21. marítimo • 22. desembarcarse • 23. puerto • respuesta clave: barco

La excepción hace la regla KV 57

a) 1. salvavidas • 2. auto-escuela • 3. conductor suicida • 4. bote salvavidas • 5. coche-cama • 6. coche-restaurante • 7. automóvil • 8. cinturón de seguridad • 9. tren de cercanías • 10. reposacabezas • 11. autopista • 12. autovía • 13. carnet de conducir • 14. tren de mercancías • 15. documentación del coche • 16. póliza de seguro • 17. autotrén • 18. auxiliar de vuelo • 19. bonometro • 20. zona azul • 21. señal de tráfico • 22. paso de peatones • 23. bidón de gasolina • 24. compartimento del motor • 25. alquiler de automóviles • 26. motocicleta

b) ida, vuelta • proa, popa • babor, estribor • frenar, acelerar • escala, directo • atasco, circular • procedente (de), (con) destino (a)

18 Natur, Umwelt, Ökologie

Para matar el tiempo KV 58

Respuesta clave: A – MAL – TIEMPO – BUENA – CARA

El que no duda no sabe cosa alguna KV 59

a) Materiales: madera • metal • hierro • acero • carbón • petróleo • goma • caucho • barro • cera
Árboles y arbustos: olivo • limonero • almendro • higuera • pino • palmera • zarzamora
Frutos: higo • coco • mora • oliva
Cereales: trigo • cebada • centeno • avena • maíz
Animales de cuatro patas: conejo,a • cordero • cabra • oveja • vaca • ternera • cerdo • toro • mula • burro
Animales con alas: pájaro • mariposa • paloma • mosquito • pollo • mosca • pato • águila
Animales sin patas: delfín • serpiente • pez • tiburón

b) árbol: madera • rama • hoja • raíz • flor • semilla • fruto • (copa de) cristal: frágil • perro: hocico • cola • correa • pájaro: ala • pico • toro: hocico • cuerno • cola

Huecología KV 60

proteger • agua • natural • contaminante • daño • conservar • incendios • basura • vidrio • contenedores • ciudades • polígonos • edificios • torres • parques • alrededores • zonas • ayuntamiento • barrios • naturaleza • contaminación • alternativas • nucleares • solar • agua

Palabras claras no necesitan explicaciones KV 61

mercurio, venus, marte, plutón • plomo, estaño, aluminio, cobre • universo, atmósfera, cósmico, órbita • cuesta, colina, monte, montaña • océano, mar, río, lago • orilla, costa, litoral, playa • puesta del sol, salida del sol, crepúsculo, oscuridad • temperatura, grado, termómetro, parte meteorológico • chubasco, llovizna, tempestad, lluvia • nevada, helada, glaciar, polo • inflamable, arder, llama, humo • manzano, platanero, limonero, almendro • trigo, cebada, avena, centeno • tronco, corteza, rama, hoja • volcán, azufre, pólvora, fósforo

Cada cosa es un caso... KV 62

maullar: miauen / aullar, ala, rama, mar, ama, mula • manso: zahm / asno, mano, mona, san, sano • doméstico: Haus- / codo, todo, modo, sé, como • desaparecer: aussterben, verschwinden / aparecer, pesar, parecer, pasar, creer, para, perder, a pesar de • cisne: Schwan / cine, sin, si, ni • ruidoso: lärmend, laut / ruido, oso, dios, oro, duro • ruiseñor: Nachtigall / señor, sueño, irse, uso, ruso • ostra: Auster / otra, osa, astro, rato, rota, rosa • caracol: Schnecke / cara, col, laca, cola, ala, cala, calor, cacao • poblar: bevölkern / polar, lora, loba, bola, paro, palo • hormiga: Ameise / amigo, higo, rima, hago, mora, goma, mira, miro, hora, hogar, gira, magro • espina: (Fisch-)Gräte / pies, pesa, pena, piensa, pan • residente: wohnhaft / red, sed, diente, tener, si • rascacielos: Wolkenkratzer, Hochhaus / cielo, casa, celos, celo, casi, los, loca, lora, sacar, salir, caso

19 Zeit und Raum

¿Qué hacemos? KV 63

1. Estamos a viernes, 9 de noviembre.
2. Es otoño.
3. Podemos ir al cine, al museo, al concierto de guitarra o a la discoteca.
4. Mañana es sábado, 10 de noviembre.
5. Podemos ir al teatro la Risa, al museo o al teatro la Marioneta.
6. Podemos ir al cine, al museo o al teatro moderno.
7. En invierno y primavera.

8. Dentro de un mes.
9. 6 meses al año.
10. Diciembre, enero, febrero, marzo, abril y mayo.
11. Sí. Tenemos una hora y media.
12. El viernes podemos ir a la discoteca y el sábado al concierto de música de la nueva ola.
13. Podemos ir al cine.
14. Podemos ir al teatro Municipal y ver el amor flamenco.
15. Podemos ir al cine, al teatro la Risa, al Museo de Arte o a la fiesta de la ciudad.
16. De seis/dieciocho menos cuarto a veinte/ocho y media.
17. Los lunes no podemos ver la exposición.
18. De 11:00 a 17:00./Entre las 11:00 y las 17:00./Desde las 11:00 hasta las 17:00.

El tiempo lo cura todo **KV 64**

a) 1. tarda • 2. hace • 3. cuando • 4. pronto • 5. pasada • 6. empezamos a • 7. mientras • 8. siempre que • 9. dejes de • 10. de momento • 11. acabo de • 12. desde que

b) 1. comienza / empieza • 2. seguir/continuar • 3. jamás/nunca • 4. terminó/acabó • 5. de vez en cuando/a veces • 6. cada vez que/siempre que • 7. en este momento/ahora • 8. después/luego • 9. luego/pronto • 10. todavía/aún • 11. enseguida/ahora mismo

Hay gato encerrado **KV 65**

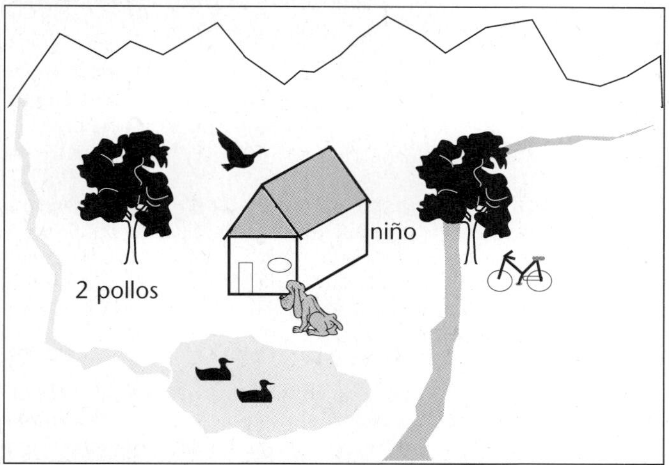

Respuesta: El gato tiene que estar encerrado dentro de la casa porque no se ve.

No lleves siempre la contraria **KV 66**

antónimos: antes de • día laborable • futuro • eterno • temprano • bajo • lejano • derecha • delante • horizontal • exterior • superior • en todas partes • hacia atrás

sinónimos: acontecer • de repente • momento • suceso • a menudo • apenas • rápido • hondo • largo • superficie • en cuanto • apartarse • actual • hace poco

antónimos y sinónimos: oriente, oeste • terminar/dejar de, comenzar a • hasta, desde • ir adelantado, atrasarse • a finales de, a principios de • rápido, lento • lejos de, junto a • debajo, sobre

Ponle orden a tu tiempo **KV 67**

2. julio, agosto, septiembre, octubre • 3. a primeros de, a mediados de, a finales de • 4. primavera, verano, otoño, invierno • 5. cotidiano, semanal, mensual, anual • 6. madrugada, mañana, mediodía, tarde, noche, medianoche • 7. anteayer, ayer, hoy, mañana, pasado mañana • 8. acabar de hacer, estar haciendo, empezar a hacer, ir a hacer • 9. nunca, pocas veces, a veces, a menudo, siempre • 10. adelantado, temprano, en punto, tarde • 11. pequeño, grande, enorme • 12. aquí, ahí, allí

20 Farben und Formen

Entre gusto y gusto no hay disgusto **KV 68**

a) gris • negro • marrón • azules • roja • rosa • marrón • rayas • lila • verde • verdes • azules • violeta • punta • violeta • morado • puntiagudo • un • círculo • redondo • una • cruz • un • cuadrado • la • línea • oscuro

b) 2. oscuro, dunkel/schwarz wie die Nacht • 3. rojo, rot wie eine Tomate • 4. verde, grasgrün • 5. claro, klar wie Klosbrühe/glasklar • 6. amarillo, goldgelb • 7. blanco, schneeweiß

c) 2. a • 3. j • 4. b • 5. g • 6. c • 7. k • 8. e • 9. h • 10. f • 11. d

De noche todos los gatos son pardos **KV 69**

a)

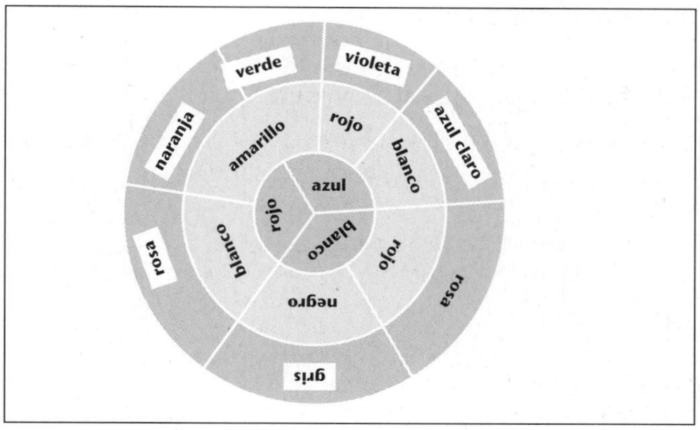

b)

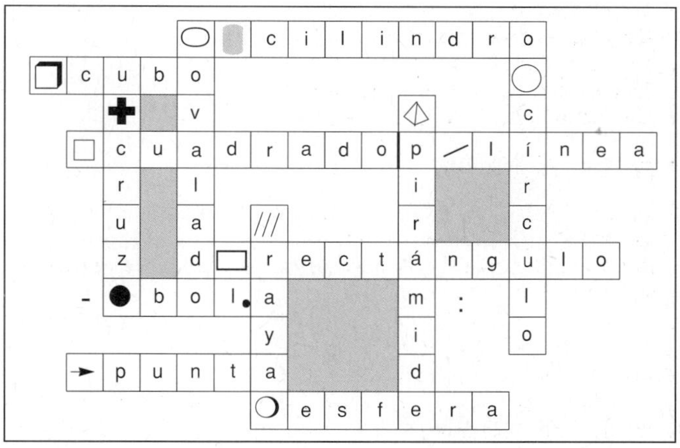

21 Mengen, Zahlen, Maße

MatemáTICAS y gramáTICA **KV 70**

a) 2. [+] restar • 3. [·] multiplicar • 4. [:] dividir

b) 1. a) un cuarto • b) la mitad • c) otro cuarto • 2. a) diez kilómetros y quinientos metros • b) cuatro kilómetros y quinientos metros • 3. a) no queda nada • b) vacía • 4. que • que • como • mucha • mucho • que • que • que • Juan: dieciocho años • Mario: dieciocho años

Tan seguro como dos por dos son cuatro **KV 71**

a) 1. a b • 2. b a • 3. b (in 1. oder 2. Lücke) a • 4. b a • 5. a b • 6. a b • 7. a b • 8. b a • 9. b a

b) a 6. • b 5. • c 8. • d 3. • e 2. • f 7. • g 9. • h 1. • i 4.

22 Allgemeine Begriffe

Más vale algo que nada KV 72

1. igual • 2. muchos, mucho • 3. distingues, distintos • 4. también • 5. igual • 6. iguales • 7. tan como • 8. diferencias, diferentes • 9. iguales, parecidos • 10. tampoco • 11. tantos, como • 12. como, que • 13. tampoco • 14. de ninguna manera • 15. mucho, tantos • 16. tanto, como

Orden de los diálogos: 2, 15, 16, 7 • 5, 3, 8/5, 8, 3 • 4, 11, 14 • 6, 9, 12

Es lo mismo pero diferente KV 73

a) 1 a/b • 2 b/c • 3 c • 4 b • 5 a • 6 b

b) 1. para qué/a qué/por qué, para que, porque • 2. a que, qué, qué, que, que • 3. como, como, como, como, cómo/qué

No son las que están pero están las que son KV 74

a) **hay**: vor unbestimmten Mengenangaben: q, aa
vor unbestimmtem Artikel: j

estar: Angabe des Zustands, persönliches Befinden: c, d, h, m, n, p, r, s w, y, z • Ortsangaben: o • Bewertungen: u, cc

ser: Definitionen + charakterl. Eigenschaften: b, f, i, t, x, dd, ee
Herkunft: a, k • Tag: e • Religion: g • Beruf: l, v • Familienstand: bb • Uhrzeit: ff

b) 1. querer ser médico • 2. ponerse nervioso • 3. ponerse enfermo • 4. cambiar • 5. aumentar • 6. hacerse viejo • 7. bajar • 8. volverse loco • 9. volverse listo • 10. mejorar • 11. ser amado • 12. convertirse en una persona seria • 13. agravarse • 14. hacerse rico • hacerse famoso

La cuestión es de saber dónde está el sabor KV 75

Brief: realmente • único • apenas • por lo visto • Incluso/Hasta • por lo tanto • más bien • mayores • por poco • En el fondo • puesto que • alternativas • mínimo • realidad • en el fondo • objetivo • no...más que

Übersetzung: realmente • realidad • puesto que • más bien • por lo visto • objetivo • alternativas • no...más que • incluso/hasta • mayor • mínimo • único • por lo tanto • por poco • en el fondo • apenas

23 Strukturwörter

¡No hay atajo sin trabajo! KV 76

a) 1. El señor Ospina quiere que **él** le mande las cartas y no ella.
2. Hoy he traido todo esto: esta cartera es para ti y **ésta** es para **él** y este libro es para **mí**.
3. A ti no te doy nada porque **tú** eres como mucha gente que sólo piensa en **sí** misma. Si quieres algo cómpralo **tú** mismo.
4. **Ése** es tu libro, mi libro lo tiene **él**.
5. Aquel día tomamos **té** en tu casa. ¿No te acuerdas?

b) 1. los libros, a ti • 2. el dinero, a Juan • 3. estas frutas, a vosotros • 4. dinero, a Simone • 5. la aspirina, a mí • 6. que no vas de vacaciones con ellos este verano, a tus padres

c) el • (con)tigo • (con)migo • te • mí • me lo • unos/sus • los • su • me los • yo • devolver (devolvérselos)

Quien bien oye o lee, bien responde KV 77

a) que • cuyo • que • con el cual • los que • que • lo que • el que /quien • la que/quien • los que/quienes • quien/que

b) **Alfonso**: jugar al tenis, no sabe que su hija está embarazada, padre de Ana y Felipe/marido de Alicia, 40
Alicia: cantar, no sabe que su hija está embarazada, madre de Felipe y Ana/mujer de Alfonso, 42
Felipe: jugar al tenis, no le gusta vivir en casa de sus padres, hijo de Alicia y Alfonso/hermano de Ana, 20
Ana: bailar, está embarazada y sus padres no lo saben, hermana de Felipe/hija de Alfonso y Alicia, 22

c) 1. ¿Qué/Cuál es la afición de Alicia? • 2. ¿Cuál/Qué es el problema de Felipe? • 3. ¿Cuántos años tiene Ana?

Crucigramática KV 78

Horizontal: 1. aunque • 2. tal • 3. por, por, por • 4. con • 5. nadie • 6. como si • 7. a, a, a • 8. sino • 9. sin • 10. cualquiera • 11. cierto • 12. de • 13. o

Vertical: 1. para, para, para • 2. si, si • 3. ninguno • 4. cada • 5. pero • 6. que • 7. u • 8. mismo • 9. otra cosa • 10. e • 11. varios

No te acostarás sin saber una cosa más KV 79

a) 1. algún • 2. cualquiera • 3. ninguno • 4. o (éste) • 5. e (inglés) • 6. ninguno • 7. ése • 8. del • 9. al • 10. (se) lo (pregunto)

b) como si, als ob • cada uno, jeder • cada una, jede • por una parte, einerseits... • por otra parte, anderseits... • por mucho que, so viel... auch... • por más que, auch wenn... noch so oft... • lo mismo, das Gleiche, dasselbe • lo demás, das Übrige • todo el mundo, jeder(mann), alle • otra cosa, etwas anderes • si no, sonst • sino, sondern • sin que, ohne dass • sin embargo, jedoch, aber • hasta que, bis • una cosa, eine Sache • cada cosa, alles • cada parte, jedes Teil • lo que, das, was • una parte, ein Teil • porque, deshalb, darum

c) 1 c • 2 a/e • 3 c • 4 b/h • 5 e • 6 c • 7 i • 8 g • 9 k • 10 a/e • 11 f • 12 k • 13 l • 14 g/a

24 Amerikanismen

A la tierra que fueres, di lo que oyeres KV 80

1 b: ¡Mira, el rubio está de pie! El animal (mono) no tiene trabajo. • 2 d: ¿Me acompañas mañana a tirar (algo)? El español entendio votar porque la b y la v se pronuncian igual • 3 c: ¡Qué horror no tengo dinero ni cerillas! Para el español plata es el metal y fósforo el producto químico. • 4 a: Estoy ahorrando para comprarme un coche/auto. El español entendió que el latinoamericano quería comprar un carrito para hacer las compras.

El que nada no se ahoga KV 81

a) cuerpo: pera • economía: en concreto, sencillo, plata • comida: frijoles, damasco, durazno, papa • medios de comunicación: celular • ropa: saco, taco • medios de transporte: bomba, playa, chapa, tránsito, combinación

b) b s • d q • e n • g p • h u • k v • l o • r i • t m • j c

Zusatzübung

A buen entendedor, pocas palabras KV 82

a) 1. d: Wer suchet, der findet. • 2. a: Die Zeit heilt alle Wunden. • 3. i: Die Hoffnung stirbt zuletzt. • 4. f: Besser der Spatz in der Hand, als die Taube auf dem Dach. • 5. c: Ohne Fleiß kein Preis. • 6. e: Die Ausnahme bestätigt die Regel. • 7. b: Die Zeit totschlagen. • 8. g: Was du heute kannst besorgen, das verschiebe nicht auf morgen. • 9. j: Wer nicht sät, der erntet nicht. • 10. h: So sicher wie das Amen in der Kirche.

b) 1. f • 2. c • 3. e • 4. d • 5. a • 6. b